TINA BOUCIGUEZ

MINDFULNESS

UN CAMINO VITAL DE LIBERTAD

Tina Bouciguez
   Mindfulness : un camino vital de libertad / Tina Bouciguez. - 1a ed. - Ciudad Autónoma de Buenos Aires : Del Nuevo Extremo, 2021.
   192 p. ; 23 x 15 cm.

   ISBN 978-987-609-791-8

   1. Meditación. 2. Superación Personal. I. Título.
   CDD 158.128

© 2021, Editorial Del Nuevo Extremo S.A.
Charlone 1351 - CABA
Tel / Fax (54 11) 4552-4115 / 4551-9445
e-mail: info@dnxlibros.com
www.delnuevoextremo.com

Correcciones: Mónica Piacentini
Diseño y compaginación interior: Dumas Bookmakers
Ilustración y diseño de tapa: Caru Grossi

Primera edición: septiembre de 2021

ISBN 978-987-609-791-8

A mi familia: Carlos, Dolores, Santiago, Emilia, Catalina, Manuel, Charo, Chili y Alejandro.

A mis amigos.

A mis pacientes y alumnos.

A mis profes y compañeros de taller.

Con todos ellos construyo mi vida.

AGRADECIMIENTOS

A todos mis maestros: los que pude tocar, los que conocí en los libros y a tantos desconocidos que me enseñaron, quizá sin saberlo, lo que jamás encontré en un papel o en una plegaria.

A la Editorial Del Nuevo Extremo, que continúa trabajando con ahínco en la realización de buenos libros. Un cariño especial a mi editora, Mónica Piacentini, por su amorosa paciencia.

Y por sobre todo, a mi amiga-hermana Virginia Gawel. Sin ella, yo no estaría acá y nadie estaría leyendo este libro. Ella cree que es una persona; en realidad, es el amor, la luz y la verdad.

ÍNDICE

PRÓLOGO

Este libro tiene escondida una brújula; en parte, la insinúan sus palabras, pero quienes realmente la encuentren serán quienes transiten las prácticas que su autora propone. ¿Para qué? **Para vivir una vida Viva**.

¿Cuáles son las cualidades cardinales cuya expresión nos avisa que estamos orientando nuestra brújula hacia nuestro real Destino? Son aquellas que las personas más esclarecidas expresan como algo natural, sin esfuerzo (aunque las hayan traído a la luz con enorme constancia en prácticas, como las que entre estas páginas se proponen). Podrían ser más, pero enumeraré las que, en mi interior, considero fundamentales:

» conservar **estabilidad emocional**, sean cuales sean nuestras circunstancias;

» capacidad de **generar silencio interno**, tanto en la soledad como en la interacción con el mundo;

» **claridad de visión**, a medida que retiramos nuestras proyecciones y percibimos cada vez más objetivamente;

» disposición a colaborar con **actitud altruista** respecto de los sufrimientos ajenos que podamos mitigar;

» habilidad para **disfrutar saludablemente**, con un gozo intencionalmente trabajado, tomando todo lo bello que la vida nos ofrezca, con atenta **gratitud**.

Toda persona puede, con las herramientas adecuadas, desarrollar estas cualidades, ampliando su identidad de una manera positiva, esencial, hacia una congruencia ajustada a lo mejor de sí misma.

El modo en que Tina propone estas prácticas de Mindfulness es asertivo y bello a la vez: su manera de elegir las palabras se asemeja a cómo un diseñador de joyas escoge cada pieza para engarzarla con la siguiente, y gestar algo original y precioso. Su trayectoria como Psicóloga le otorga esos aprendizajes que no devienen de los libros, sino de leer a los demás, a la vez que uno se lee a sí mismo en la tarea de acompañar a otros. Y su perseverante Camino, andado paso a paso desde su espíritu inquieto, convierte en sabiduría lo que podría ser solamente información. Así, a través de estas páginas, Tina nos invita a asombrarnos ante quienes somos, y a ir incorporando aquello que nos permitirá tomar la propia vida como *un monasterio, un ámbito de entrenamiento*, apto para que se activen nuestros más valiosos talentos.

Estos recursos no solo transforman **nuestro presente**, trayéndonos una y otra vez al Ahora -poco a poco con menor distracción-; también modifican **nuestro pasado**, pues el modo en que comenzamos a mirarlo (aun en sus facetas dolorosas) va desguazándolo del sinsentido; se intuye que, de alguna manera, todo fue *necesario*, y, en vez de padecer que haya existido el dolor inevitable, lo tomamos como cimiento para una identidad resiliente, sin lástima de sí, templada y pulida, como una pieza de orfebrería en la que el orfebre somos nosotros mismos.

También este trabajo sobre sí modifica **nuestro futuro**, pues somos, más que nada, **herederos de nosotros mismos**. Quien eres mientras estás leyendo estas palabras le debe mucho a quien fuiste antes: hace unas horas, hace unos meses, hace unos años… Es más: quien fuiste es digno de agradecimiento por todo lo que haya hecho acerca de su futuro…¡que eres tú: la persona del hoy! No hay duda de que quien trabaja sobre sí se genera un porvenir muy distinto del que tendría sin ese esfuerzo consciente: heredará un cerebro cuyas conexiones se habrán rediseñado ante cada práctica ejercitada, y se legará a sí mismo otras emociones, otro modo de pensar, otra manera de actuar que los que hubiese tenido sin ese Intento persistentemente sostenido, cada vez con mayor lucidez, y con más espacio para que aquellas cualidades cardinales le orienten hacia el propio Norte.

Y quienes busquen entre estas prácticas recursos amables y efectivos para ayudar a otros (terapeutas, educadores, instructores de prácticas psicocorporales, etc.) hallarán que, a medida que cada ejercicio, cada concepto, se vuelve íntimo de tanto transitarlo, se puede transmitir en cualquier tarea que despleguemos, pues en cada una de ellas, para nuestra evolución y la de todos, se necesita **conciencia de sí**: ese es el núcleo al que lleva cada capítulo de este libro.

Tina es conocedora de la simbología de distintas tradiciones de lo Sagrado. Me permito, en honor a ello, tomar la metáfora del Génesis en la que Adán y Eva deben comenzar la historia de la Humanidad: el relato dice que les fue dado un Jardín (o, en otras traducciones, un Huerto). **Eso** era el Edén: **un lugar para labrar**. Y eso sigue siendo: el paraíso perdido, internamente es esa Esencia primordial que los condicionamientos fueron tapando, hasta que quedamos, alguna vez, desconectados de ella. Sea un Jardín o sea un Huerto, ambos son metáforas de una tierra que debe ser desmalezada, carpida, sembrada, ejerciendo, en totalidad, el **discernimiento** para reconocer cada hierba, cada fruta, cada plaga, cada pájaro, cada insecto, cada árbol de ese Huerto, de ese Jardín… *Así es mirarse por dentro*: la tarea inagotable y fascinante de discernir todo lo que somos, todo lo que hay en nosotros, y todo lo que está queriendo abrirse paso para Ser. *Tina sabe, con sus palabras, despejar nuevamente el camino para volver a Casa.*

Este libro será un gran compañero de Camino, tanto para peregrinos que ya lo estén andando desde hace mucho tiempo, como para quienes estén dando sus primeros pasos en la Gran Travesía. Se trata, sí, de Psicología, pero también de una ciencia de lo Sagrado, más allá de toda creencia. Como dijo el luminoso maestro vietnamita Thich Nhat Hanh: *No es una cuestión de fe: es una cuestión de práctica*. Resacralizar nuestra vida a través de la experiencia no solo es necesario para cada uno de nosotros como individuos: es, en este punto en el que se encuentra nuestra Familia Humana, un imperioso requerimiento para que el Sentido nos enhebre a todos, hacia un futuro lúcido y sensible. ¡Que así sea! Gracias, Tina, por brindarnos tus bien ganados saberes, y tu diamantino corazón.

Virginia Gawel
Mayo de 2021

INTRODUCCIÓN

Hoy me resulta grato decir que Mindfulness es la puerta de entrada para celebrar la vida, para andar el mundo con una sonrisa pintada en la cara y agradecer sin tener por qué. O sí. Mindfulness es un bálsamo que alivia los ánimos marchitos y fortalece, en la incertidumbre, ese gran signo de interrogación que es la vida.

Desarrollando *atención plena* hacia nuestros sentidos, nuestra mente y la realidad *tal como es* podremos encarnar lo más sagrado de nuestra propia existencia. Y no es largo el camino, al contrario, el camino lo hacemos largo al resistirnos a renunciar a todo aquello que fuimos juntando: hábitos, creencias, prejuicios, miedos y cuantas cosas cargamos sobre nuestras espaldas. La atención plena está allí, en nosotros, no hay ningún lugar adonde buscarla. Soltemos los lastres y acontecerá.

Pero mi vida no siempre fue así. Hace años, cuando empezaba a andar, era una huérfana buscando a tientas un nido. Allá lejos, sospechaba la meta, el espacio virtual donde confluían peregrinos de tantas búsquedas; pero era un espejismo, un punto de llegada evanescente.

Mi derrotero fue largo, cambiante, con largos romances con la luz y tramos oscuros, tan incomprensibles como inevitables. El desencuentro me generaba tristeza, frustración y la certeza de estar haciendo algo mal, de no ser lo suficientemente buena.

El primer paso hacia la libertad fue desprenderme del catolicismo heredado para correr, seducida, tras los primeros gurúes llegados de la India a Norteamérica. Esalen era la Ciudad Santa, el botafumeiro de Santiago de Compostela; por fin el Sango Grial había dejado su recorrido subterráneo. Los Templarios de los '70 blandían sahumerios y recitaban la Bhagavad

Guita. El misticismo estaba en la superficie y al alcance de quienes podían aunar disciplinas desconocidas. El ascetismo y la seriedad de nuestros monasterios se cambiaron por el sonriente silencio de los ashram, donde el amor se expresaba en la acción, en el servicio hacia los otros. Este prójimo "pobre de espíritu" occidental, cambió de categoría al ser saludado con un Namasté ("me reverencio ante ti"). Esta palabra implica la idea de que todas las personas comparten la esencia divina, la energía universal. El Dios aprendido distante pasó a ser una divinidad inmanente, el mundo perdió la connotación de valle de lágrimas, un lugar negativo a trascender. Así llegaron los mantras, palabras cuyo significado no conocía, repetidas hasta que su esencia encriptada impregnara nuestros corazones. Ese mantra, elegido por nuestro maestro y susurrada como secreto, sería una llave de acceso a otro nivel de conciencia.

Las ciencias de vanguardia acompañaron la movida. Así aprendí un poco de física cuántica y los principios que darían sustento a cuestiones que la física newtoniana dejaba afuera. En lenguaje comprensible para mi humilde formación en ciencias duras, las cosas podían estar acá y allá, al mismo tiempo: el principio de incertidumbre.

La materia era algo que se iba conformando a medida que el campo se hacía más espeso y podía "desespesarse" y volver a hacerse campo. Materia y energía dejaban de ser antagónicas. Verán que mi traducción de esos principios a palabras propias está atravesada por una subjetividad tan vergonzosa que solo me las permito tratando de explicar el camino de un buscador.

La idea fundante era la conciencia concebida como un sistema abierto. Un aporte de energía la volvía inestable, generando un sistema (la misma conciencia) cada vez más amplio y complejo. Esta es mi paupérrima traducción de la "Teoría disipativa de energía" por la cual Ilya Prigogine obtuvo el Premio Nobel de Física. Así nos sumergimos en horas de meditación, esperando la energía y el cambio. Los más arriesgados fueron tras Stan Groff y sus pruebas con LSD para generar estados alterados de conciencia. En esa época, Castaneda aportaba lo suyo con las enseñanzas de su brujo maqui Don Juan y los humos del peyote. Mi búsqueda terminaba en ese límite: ni tomar ni fumar, ni siquiera la enaltecida marihuana. No me convencía la idea de acceder a un estado de bienestar por medios artificiales. Para confusión me alcanzaba con la propia. Intuía que no podía ser por ahí. Yoga, bioenergía y adyacentes aportaban granitos de arena, pero el "qué" de la cuestión seguía estando en el universo de lo ajeno.

El problema de todos estos caminos era que abrazaban solo una parte de la realidad: la luz, la bondad, la calidez, la alegría, la empatía, la tolerancia y todas las virtudes teologales de cuanta religión pueda existir en nuestro vasto y variopinto mundo. Y así pasé años tratando de ser luminosa, buena, alegre, empática... ¿Pero dónde podía ubicar la oscuridad, el enojo, el miedo, la envidia, la tristeza y todo lo que me angustiaba, con solo advertir que estaban ahí?

John Lennon y Yoko Ono desnudos, fumando hierba y leyendo, fueron el moño del paquete foráneo. Quizá, volviendo al seno de nuestra cultura, pudiese encontrar la paz duradera.

La hija pródiga volvió al redil. Me acerqué a una comunidad monástica, estudié teología, formé parte de una escuela de oración y el reencuentro con mis raíces me dio serenidad y, sobre todo, pertenencia. Pude volver a poner los pies adentro de mis zapatos. Pese a haber sido lo más rigurosa que pude en el ejercicio de la virtud, el hábito no hizo en mí al monje; solo me envolvió en un ropaje artificial y asfixiante, una especie de corsé que sujetaba lo que no debía escapar. ¿Qué podía hacer con mis pecados capitales?

Tuvieron que pasar varios años para que me animara a empezar otra vez de cero, "tanto andar y estoy siempre en el principio", escribí en un poema, casualmente llamado Camino. Di vuelta la página de la obediencia ciega a los dogmas y, más desnuda que nunca, empecé a vaciar la mochila. Me decidí a renunciar a modelos paternalistas, conservé los pedazos que resonaban en mí como ciertos y dejé libres los casilleros para los cuales no tenía piezas.

La incertidumbre dejó de ser una teoría y pasó a ser una parte constitutiva de mi esquema de pensamiento. Me animé a no saber y a poder vivir con eso. Yo no había hecho el Universo, por lo tanto, podía mirarlo sin sentirme responsable. Ese pensamiento, que parece tan simple, fue el gran salto hacia la libertad. El mundo no es como nosotros queremos que sea, ni como necesitamos. Aunque nos enoje, nos frustre y saque a la luz la más cruda impotencia, nuestro mundo es un modelo de opuestos: bueno-malo, luz-tinieblas, egoísmo-generosidad son indisolubles parejas ensambladas. Solo podemos ver la luz en contraste con la oscuridad. Si todo fuera resplandor, seríamos ciegos; nada tendría forma, porque no habría contrastes.

En un infinito abanico de grises está inscripto nuestro devenir. Todo eso que negamos, rechazamos o queremos barrer debajo de la alfombra sigue estando ahí. Lo sabemos. Damos mil rodeos para no pisar el montículo, pero al menor descuido nuestros pasos nos llevan inexorablemente hacia la zona de peligro y, al pisarlo, las plantas de nuestros pies denuncian a los intrusos. Lo negado es un imán. Hay un ejemplo simple para explicar eso: supongamos que tenemos una pequeña llaga en una encía y duele, la lógica indicaría evitar rozarla, sin embargo, la lengua se empeña en repasarla continuamente, hasta duplicar el tamaño y la molestia. No es ni bueno ni malo, así somos.

Mi encuentro con Mindfulness fue lo que en Psicología Gestáltica se llama una experiencia. ¡Ajá! Creo que la expresión se pinta sola.

Mindfulness no es una práctica, no es dejarse llevar por el vaivén de las olas, flotar con la música, ni tratar de ser buenos. Mindfulness es desarrollar una atención cada vez más plena, para transitar esta vida como una experiencia auténtica. Por fin lo había encontrado, no había *nada para hacer*: Mindfulness *es una manera de estar* en el mundo.

El sentido de este libro es ayudar al buscador a asomarse a esa atención plena, y permanecer allí. Si bien no hay ejercicios específicos, voy a brindar un escalón tras otro de las diferentes prácticas que me han resultado útiles a mí y a quienes han participado de mis cursos y talleres durante años.

Algunas líneas de autoconocimiento parten de presuponer como punto de partida una mente serena, el control de la respiración. Pero en realidad, esa calma es un punto de llegada. Cerrar los ojos, respirar profundo y repetirse "me siento bien", nos sumerge generalmente en la primera frustración. El deseo no es suficiente. Mientras estemos agitados por pensamientos que irrumpen sin golpear la puerta, cuando el cuerpo tironea de manera casi irracional tras deseos absurdos y el universo emocional sea un conjunto de emociones desafinadas, mal podremos acceder a una conciencia plena.

A través de estas páginas encontrarás el hilo conductor teórico que fundamente cada práctica, pero el acento está puesto en brindar herramientas concretas. La atención plena es una tendencia... La vida no "es", ¡la vida es "siendo"!

Mindfulness, un camino vital de libertad

El tiempo gira a un ritmo vertiginoso, las cosas se suceden en tramas multidimensionales, miríadas de espirales se envuelven sobre sí mismas tragando una idea tras otra, un acontecimiento tras otro.

Un vínculo desdibuja al anterior; el hilo del ovillo se adelgaza, se corta, se enreda. Un proyecto deseado pierde categoría y queda en el estante del olvido y *el sentido* se recuerda, si hay suerte, alguna noche de nostalgia.

La demanda social, el clamor del cuerpo, las vanidades, los miedos, la complacencia nos divorciaron de nosotros mismos. Y aunque nos cueste reconocerlo, ese enjambre confuso y dislocado en el cual se desenvuelve nuestra existencia cotidiana es justamente nuestra vida.

Quizá haya algo llamado Destino al cual tengamos que reencontrar; o quizá nuestro destino sea una melodía a componer, un futuro a construir por un ser humano que quiera definirse como dueño de su existencia.

La vida no es eso que haremos luego, cuando tengamos mejor salud, cuando nuestras obligaciones cesen o cuando la diosa fortuna nos señale con el dedo y diga "ahora".

La vida es esto que hacemos en el "mientras tanto", en el "durante", en este corte del tiempo en que nuestra vida se manifiesta.

Una vida feliz, en un sentido amplio y crecido, es una vida elegida en medio de los avatares cotidianos, de las aguas tumultuosas de amores y desamores, éxitos y frustraciones, y todo aquello que nos hace decir que "la vida es injusta".

No se puede esperar un tiempo mejor para vivir porque no hay nada que sea mejor: solo hay una sucesión de acontecimientos cambiantes, azarosos y, a nuestro entendimiento, sin sentido.

Esa inquietud, ese desencuentro con nosotros mismos, es la manifestación de un dolor generalmente desestimado: el dolor psíquico. La desatención sistemática genera ansiedad y un tipo de vida tóxico. En cambio, la observación atenta y no crítica, sin evitación ni escape, va produciendo una desensibilización a dicha ansiedad. ¿Por qué? Porque el cerebro puede cambiar a través de la práctica de Mindfulness. La paz no se produce de afuera hacia adentro, repitiéndonos de mil maneras "me siento bien". El proceso va aconteciendo desde adentro; a medida que el ruido se va acallando, la paz acontece. La paz no es una existencia gris, sin sobresaltos. La paz es un estado vibrante de una vida plena en acción.

Reestablecer un vínculo amable consigo mismo y con la realidad es el camino para una vida libre y conscientemente elegida.

La práctica de Minfulness reduce el estrés, la ansiedad y equilibra las emociones. Las modificaciones que suceden en el cerebro, demostradas hoy por las Neurociencias, favorecen el pensamiento positivo, la empatía y el optimismo. Hablaremos de ello más adelante. El mundo está cambiando, las fronteras se perforan. ¿Imaginarías años atrás que un grupo de monjes budistas se hubiesen sometido a experimentos de laboratorio, en universidades occidentales, para demostrar fehacientemente el efecto de la meditación en el cerebro? Ya lo verás. ¿Escuchaste hablar de Matthieu Ricard, conocido como el hombre más feliz del mundo? Es un monje budista. ¿Suponés con esto un lama tibetano, hierático, ajeno a nuestra cultura y con un pensamiento impenetrable para el pensamiento occidental? Error. Es Doctor en Biología, criado en la élite parisina, que dedica parte de su vida a dar conferencias por el mundo, donde llena pizarrones con fórmulas que explican claramente el motivo del cambio climático. Tuve el honor de conocerlo cuando estuvo en Buenos Aires, impulsando un movimiento que llama la Revolución Altruista. Pocas veces estuve en contacto con una persona con tanta alegría y vitalidad desbordante. Obviamente, cultor de Mindfulness, como monje zen que es. Las buenas compañías me regalaron una platea en primera fila. Tengo increíbles fotos cercanas suyas, con su mediana panza que levantaba el sari naranja. ¿Por qué menciono esto? No es un faquir piel y huesos sentado sobre una cama de clavos. Es una persona que claramente come, viaja en avión, estudia y convida una risa magnética y contagiosa. ¡Es una persona! Ya llegaremos también a él.

CAPITULO I

QUÉ ES MINDFULNESS

Mindfulness es una palabra que no tiene traducción exacta al castellano, pero se define como atención plena o conciencia plena.

El encuentro de la Medicina y la Psicología occidentales con conocimientos orientales milenarios es una aspiración que han tenido muchos pensadores de diferentes disciplinas. Jon Kabat-Zinn, su creador, ensambló la sabiduría que subyace en diferentes filosofías y espiritualidades con la claridad de las Neurociencias, que hoy explican los procesos que acontecen en la mente.

La vida actual, con su interminable sucesión de demandas nos hace perder el eje, atiborrando nuestro cerebro con estímulos visuales, auditivos, kinestésicos, etc. El cansancio y empobrecimiento de la calidad de vida suelen ir aparejadas con la pérdida de sentido, acorde a existencias que se desarrollan en un mar de obligaciones y falta de tiempo.

El martillar veloz de nuestra mente, es una respuesta adaptativa al bombardeo, solo que, cuando los estímulos cesan, nuestra mente sigue trabajando a marcha forzada. Así es como llegamos a la noche deseando descansar, para encontrarnos atrapados en una mente que no puede parar y nos mantiene en vela. Y esa mañana, que debiera encontrarnos llenos de entusiasmo, enfrenta a una persona a la que le cuesta inaugurar el día.

En algún punto del camino nos perdimos de nosotros mismos para quedar como espectadores de sucesos automáticos (pensamientos y acciones asociadas), que se manifiestan como un caballo desbocado que no nos pertenece, pero nos encadena a ser su testigo.

Papas o margaritas

Muchos años antes de que se acuñara el término Mindfulness hice un retiro de inspiración budista, donde la búsqueda era, y sigue siendo, el desarrollo de la conciencia presente, el mismo concepto bajo otro nombre. Esta es la raíz oriental de Mindfulness: el budismo zen.

Llegué buscando el estereotipo, ambiente silencioso, solemne, la impecabilidad en todo sentido y el bagaje intelectual complejo. Todo se rompió en pedazos con la primera consigna. La indicación consistió en centrar la atención durante tres minutos en un acto, lavar una papa.

¿Lavar una papa? ¿Tanta ilusión en este retiro para inaugurarlo lavando una papa? Tenía referencias de experiencias semejantes, donde habían tenido que deshojar una margarita. Pero a mí ¿me había tocado una papa? Ya me fastidió agarrarla, porque pese a haberla puesto en un bol, me ensucié los dedos con tierra. El agua me los lavaría, pero también arrasaría el perfume a jazmín que había elegido para ese día, suponiendo que mis sentidos estarían embelesados con él y eso elevaría mi espíritu. En mi imaginario, un aspirante a aprendiz no lava una papa.

El agua resbalaba lentamente sobre la papa mientras mi mente era una catarata de protestas. Me sentía contrariada, un impulso infantil me alentaba a irme; esto había empezado mal, seguramente terminaría peor. Y se avecinaba la primera exposición: relatar la experiencia. ¿Diría que había sido "interesante", esa palabra desteñida y desafectivizada? ¿O trataría de despertar simpatía solidaria explicando mi frustración, esperando consuelo?

Nada de eso pasó. No hubo ninguna pregunta. Tuve que quedarme con mi papa lavada puesta en mi cabeza durante horas, hasta que llegamos al nudo crucial de una mente desatenta e inquieta: el diálogo interno. Me alegré de no haber quedado expuesta como una colegiala quejándome de la papa. La papa no era el problema, los tres minutos habían bastado para mostrarme que ni siquiera había comprendido el problema. Podría haber deshojado margaritas o pulido brillantes. Mi mente encasillaba, adjudicaba valor y en base a eso calificaba la experiencia. La conciencia presente, hoy diríamos atención plena o conciencia plena, no estaba ni sospechada. Mis tres minutos iniciales se habían perpetuado por horas en una batalla campal dentro de mi cabeza.

A la distancia, podría hacer una interminable lista de lastres con los que había llegado ese día: reverenciar la solemnidad del silencio, la soberbia disfrazada de alegría por haber sido aceptada, el perfume espiritualizador, los prejuicios ("si empezó mal, terminará mal"), el desprecio por la papa (algo enterrado y sucio), la nostalgia por la margarita, mis personajes internos enfrentados, las ganas de hacer un berrinche, la falta de humildad, de entrega y de estar abierta a la experiencia, pensar como opción decir la verdad o disfrazarla, anticipar un juicio, la necesidad de agradar y buscar un lugar en los otros. Y podría extenderme más.

Con ejercicios como ese, suelo empezar el primer encuentro de Mindfulness. La humildad es una buena herramienta que disuelve las armaduras más sólidas. Sonreír ante los propios errores, minimizar los ajenos. Nadie es tan importante como para no poder lavar una papa y sorprenderse con lo que pasa en uno cuando esas manos tocan "esa" papa y "ese" agua.

Nuestra vida no transcurre en un retiro de silencio y, en la vida, tendremos cien papas por cada margarita.

Te invito en este momento a dejar la lectura, buscar cualquier objeto cercano que puedas lavar y ponerlo bajo el agua. Durante tres minutos abrí y cerrá los ojos, mové tu objeto, sentí el agua, la temperatura, dejate llevar y ampliá tu atención para abarcar esta experiencia y los pensamientos o emociones que aparezcan. Te sorprenderá la cantidad de intrusos que van a participar de esta escena. Una excelente idea es anotarlos luego. La memoria disuelve lo que no encaja en su patrón. En un rato habrás perdido la mitad de los hallazgos.

Quizá pienses que este no es un buen momento para hacerlo, que preferirías seguir leyendo y hacerlo más adelante. "Más adelante" es el estandarte del ejército que va por la vida adormecido. La vida está en el corte del tiempo en que las cosas se presentan. "Más adelante" aparecerá lo que deba acontecer en ese tiempo. Pero esta propuesta corresponde a este momento, en cualquier situación que estés. Empecemos a pensar que la vida es desprolija, irrumpe fuera de tiempo o de lo que nosotros consideremos de manera preconcebida que lo es. "Después" es una fantasía, una palabra, no es un hecho que tenga existencia real. La eternidad no es un futuro que no termina nunca, es la conciencia plena en el momento presente. Y hasta que eso no sea experiencia, no será más que una frase. Así que nuestra mejor opción es empezar ya con la papa o algo similar que esté al alcance de la mano.

Ver esa papa por primera vez, darme cuenta qué perciben mi olfato, mi oído, mi vista, qué emoción pura acorde a la situación aparece y que pensamiento ordenado forma parte del concierto, hacen de mi experiencia de lavar la papa un hecho único, sagrado, de la vida que se manifiesta en todo su esplendor es este instante. La papa está en mí y yo vivo en ella, estamos juntas en esto. Un atardecer, un colibrí o una papa son diferentes máscaras de lo mismo. Es la vida eterna que se expresa, y mientras no pueda reverenciar la papa, todo lo que busque seguirá irremediablemente lejos.

> *Ver un mundo en un grano de arena y un cielo en una flor silvestre, tener el infinito en la palma de una mano y la Eternidad en una hora.* William Blake

MINDFULNESS. PILARES

La experiencia que acabo de relatar es mucho más compleja de lo que puede parecer a simple vista. La lista de elementos descritos corresponde a diferentes categorías. Para dar un orden, empecemos por los pilares de Mindfulness.

La atención plena se basa en cinco pilares:
» Aquietamiento de la mente
» Autoconocimiento
» Aceptación
» Exploración sensorial
» Exploración emocional

PRIMER PILAR: Aquietamiento de la mente

Nos abocaremos en principio al *silencio interior*. Para aquietar la mente, tendremos que reaprender una actitud que hemos perdido: *estar atentos a la experiencia*.

Pensemos que el proceso de evolución de la vida duró millones de años, y por lo menos, acorde a lo que conocemos del cerebro, está sin completar, amén de haber zonas mudas de las cuales todavía no se conoce la función.

Cada modificación en la especie implicó muchísimo esfuerzo, ya que es infinita la cantidad de elementos concatenados en cada movimiento. Los resultados fueron saltos gigantes en la vida subsiguiente. Imaginemos el cambio en nuestra escala zoológica cuando logramos oponer el pulgar y formar la pinza. O la bipedestación. Nuestros reiterados dolores de espalda nos recuerdan que no siempre nuestra columna estuvo erecta.

Cada adquisición se atesoró en el haber. Para seguir avanzando, cada logro se guardó como hábito; ya no hace falta destinar más recursos que los invertidos en ese lugar. La naturaleza avanza en piloto automático en lo ya incorporado, para poder invertir en búsquedas innovadoras y los movimientos necesarios para lograrlos. Tampoco avanza a ciegas. Todo paso tiene un porqué.

Nuestro cerebro, como mecanismo ancestral, tiende a la economía, a gastar lo menos posible. ¿Cómo hace para ahorrar energía? Repasemos un poco: un organismo se encuentra en estado de equilibrio, de homeostasis y aparece un estímulo que rompe ese equilibrio. La situación demanda encontrar la manera de reestablecerlo. El cerebro, a velocidad inusitada, despliega un abanico de *ideas preconcebidas* para evitar la inquietud que provoca lo desconocido. Revisa entre los *viejos archivos*, buscando un dato del pasado que lo torne familiar, con lo cual *lo nuevo queda irremediablemente perdido* en los laberintos subjetivos. La posibilidad de aprender se perdió y nos encontramos navegando las cómodas y repetidas aguas personales. O sea, nuestra ilusión de hacer historia con un guion innovador se escribe, sin saberlo, en hojas color sepia. Esta forma de desplazamiento es de revolución: se describe un movimiento de giro, pero para volver a pasar por el mismo lugar. Esa es la opción, navegar aguas seguras, vivir películas remixadas, la ceguera nos protege y las compramos como estrenos.

Para estar *atentos a la experiencia*, necesitamos acallar esas voces del pasado. Ante un hecho que resuena como similar, se activa toda una cadena de asociaciones que tapan el hecho en sí, con frases como "ya sé, me acuerdo, es igual a tal, se parece a cual…". Una mente quieta contempla de manera curiosa, vivaz; no enmascara la evidencia con telarañas apolilladas. Enfrenta esa experiencia tal como aparece, aquí y ahora.

Para graficar algunos conceptos, como el aquietamiento de la mente, se pueden utilizar diversas imágenes. El vaivén de las olas, la arena que se escurre entre los dedos, la gota de rocío en la hoja que inclina la caña de bambú… imágenes exquisitas, pero alejadas de lo cotidiano. Si al hablar de Mindfulness nos referimos a la vida tal cual es, sería más acertado buscar un ejemplo cercano. Supongamos que estamos sentados en el jardín una espléndida tarde de sol, la mezcla de aromas nos envuelve, el canto de los pájaros nos impregna y nuestro vecino decidió cortar el pasto. Nuestra postal se destartala con ese fastidioso ruido que se acerca y se aleja. Por momentos logramos soslayarlo, pero insiste en volver a mancillar nuestro paraíso. De pronto, el motor se apaga, sobreviene el alivio, reaparecen los trinos y aromas en todo su esplendor. Agradecemos el silencio. Pero una mente calma mantiene la serenidad aún con la cortadora andando. ¿Por qué? Porque no lucha, no discute, acepta la realidad tal como es. La cortadora de pasto tiene su lugar en el Universo. Y las papas…

Desandar camino requiere esfuerzo. Desactivar el pensamiento automático es ir contra la ley natural de encasillar a velocidad un estímulo y ponerlo a presión en el estante que creemos que corresponde. Es un mecanismo atávico para reestablecer el estado de equilibrio en el que estaban, quietas, dormidas, desmayadas. Atreverse a permanecer en el estado de incomodidad que la vida conlleva y, así y todo sentirse en paz, eso es Mindfulness. Atención plena. Paz duradera.

Pema Chödrön, monja budista, en su maravilloso libro, *Vivir bellamente… en la incertidumbre y el cambio*, describe desde esa perspectiva el sufrimiento que nos causa no aceptar la realidad tal como es, la vida es cambio e incertidumbre; la incomodidad que esto nos genera hace que busquemos todo el tiempo cosas que llenen la atemorizante posibilidad de enfrentarnos al vacío: revisar compulsivamente la casilla de mails, mirar tv, no poder separarnos de nuestro teléfono celular, trabajar como esclavos, hablar sin parar con los otros o tener un debate interminable entre nuestros distintos personajes, etc.

Sería este un buen momento para preguntar:

» ¿Cuál es tu forma habitual de escapar de ese cosquilleo?

» ¿Cuál es la situación o el pensamiento que más te inquieta?

» ¿Cuál es tu idea al respecto?

» ¿Qué pasaría si lo enfrentaras?

Te sugiero que tomes este libro como fiel exponente de su esencia: la sorpresa que agita la realidad de manera inesperada. Una propuesta que te invite a una práctica puede aparecer en cualquier momento. Es un buen incentivo para estar atento y jugar el juego. Si lo lees como un relato, te vas a llevar cierta cantidad de supuestos teóricos, anécdotas y autores; pero si tu búsqueda es algo más profunda, tendrás que aceptar el desafío que el libro propone. Va a ser un buen entrenamiento para una experiencia transformadora.

El pensamiento oriental afirma que la vida es una posibilidad de aprendizaje y este solo acontece en un trío indisoluble: *el momento presente-una mente silenciosa-estar atento a la experiencia*. ¡Así aprendimos todo lo que sabemos! La cuestión es que aquello que adquirimos como descubrimiento lo atesoramos como experiencia y esta opera como un par de anteojos de vidrios distorsionados que transmite su distorsión a todo lo que observa. Se resume en la frase "ya sé".

Así, nuestra vida termina desarrollándose fronteras adentro de nuestra cabeza, viajando en el tiempo entre recuerdos eternamente corregidos o fantasías sobre lo que nunca ocurrió y quizá jamás suceda. El resultado es la continua pérdida de energía en el intento de recorrer cada varilla del abanico que se despliega frente a nosotros y una meta que se va desdibujando en medio de dudas y distracciones.

¡Si pudiésemos ver el mundo con la frescura de los ojos del chico que fuimos! Un niño que ve todo por primera vez no tiene todavía formado ningún preconcepto; ante los hechos *simplemente está*. No juzga, no evalúa, no espera nada.

A medida que crecemos, vamos armando un universo de creencias que operan como un traductor universal. *Construimos creencias sobre el mundo, los demás y nosotros mismos*. Toda experiencia la pasamos por alguno de esos filtros; a ese sedimento que quedó, masticado y digerido por nuestra única e irrepetible forma de interpretar todo lo que existe, ampulosamente, lo llamamos *la realidad*.

¿Podrías enumerar tres cosas que creas sobre vos, los demás y el mundo?

Tres cosas que creo:

YO SOY	LA GENTE ES	LA VIDA ES
....	....	....
....	....	....
....	....	....

Una vez que tengas las respuestas, ¿podrías expresarlas de manera opuesta?

Te invito a que reflexiones unos instantes sobre eso: ¿sería realmente imposible la segunda opción?, ¿no hay ninguna situación en que podría ser posible?

YO SOY	LA GENTE ES	LA VIDA ES
....	....	....
....	....	....
....	....	....

¿Y si a cada respuesta le antepusieras la frase "a veces", encajaría en una realidad posible?

Ahora habrá que revisar ambas listas como si las hubiera escrito otra persona y tratar de verlas desde esta perspectiva: nada de lo escrito es cierto y/o todo lo que está escrito es cierto. Todo puede ser por un rato y luego ser otra cosa. Lo único constante es el cambio. *Nunca nos bañamos en el mismo río*, decía Heráclito, porque no hay nada de que sea un mismo río.

El ejercicio de *estar presente* libera a la mente de la coraza de las creencias, una mente calma no necesita encasillar de inmediato un estímulo; puede dejarlo ahí y contemplarlo. ¡No necesita sacudírselo de encima rápidamente como algo indeseable! La frase insignia es *aquí y ahora*.

Para poder serenarnos necesitamos un ancla, algo que nos retenga en un lugar para no escurrirnos de fuga en fuga.

Mindfulness no es un abanico de ejercicios de respiración, pero estos funcionan como un ancla para sujetar la atención.

Acerca de la respiración

Algo tan automático como la respiración, practicada de manera consciente, ancla la atención en el presente. Además de ser un imprescindible mecanismo de recambio gaseoso, lo es también de limpieza energética. Tener un repertorio variado de técnicas hará que podamos elegir la que nos resulte más cómoda o ir alternándolas a gusto.

Por su propia naturaleza, no hay nada en la respiración a lo que podamos aferrarnos. Por ello nuestra respiración nos proporciona una conexión inmediata con la impermanencia, mientras experimentamos cómo surge continuamente y se vuelve a disolver en el espacio. Utilizar la respiración como forma de meditación nos pone en contacto con la falta fundamental de apoyos sólidos en la vida y con la experiencia de soltar y que todo sea como es.

Pema Chödrön

La intención carga de afectividad cada conducta. Acompañar la inspiración con la convicción de estar incorporando a pleno energía vibrante y transparente, y exhalar convencidos de estar sacando desde lo más hondo un aire espeso y oscuro cargado de deshechos, agrega a lo fisiológico un plus de eficacia. Por eso podemos compararla a una bomba impelente-aspirante.

El vaivén de la respiración va generando un interior sereno, silencioso, abierto a la experiencia.

Solo la observación, un estado de *atención difusa*, nos hará darnos cuenta de la verdadera naturaleza de las cosas. Estar atento no es estar alerta, listos para huir o atacar. Estar atento es poder bajar la guardia, entregarnos a esta gran pregunta: ¿qué es la vida? y SER el Universo.

Nuestra cultura occidental es superyoica, llena de mandatos y exigencias, y por lo tanto de miedo, culpa y castigo.

Tener una actitud amable también nos incluye a nosotros mismos: tratarnos con paciencia, amorosamente, sabiendo que demasiadas veces nos vamos a equivocar, vamos a lastimar a otros o a nosotros mismos, que *así es la vida* y que el gran desafío quizá sea vivir agradecidos, como resultado de la humildad de aceptar que de esa manera somos, sin padecer por lo que no somos o lo que quisiéramos ser.

Una mente serena abre el corazón a dimensiones donde el trato amoroso hacia toda vida es un norte, y a veces, un punto de llegada. En el camino, vamos a tener que desarrollar una instancia interna que esté más allá de la agitación del coro de nuestros personajes: un observador interno. Este no es un juez, ni auditor o docente autoritario, es una estructura, un vacío de contenidos y plena conciencia.

Meditar no es un método ni un proceso, es una forma de estar en el mundo.

Hay una frase que gusta como descripción de este modelo, que subyace a todo el planteo; *el máximo de atención, con intención de estar allí y el mínimo de tensión.* Porque la atención sugerida es abarcativa, pero difusa.

Un ejercicio de respiración no es intervenir en el proceso. Hay prácticas para ayudar a instalar una respiración más profunda, pero como resultado, no como inicio.

El primer paso es dirigir la atención a lo que acontece. Simplemente observar ese aire que entra y que sale, sentir cómo expande los pulmones, la temperatura, la humedad, la frecuencia. Como quien mira las hojas de un árbol que se mueven con el viento. No hay nada más que hacer salvo estar allí. Empezaremos a notar que la mente se distrae, toma otros caminos; entonces, suavemente, hay que llevarla de nuevo a ese lugar. Si pudiera definir con una palabra la modalidad de estos ejercicios, diría amablemente. La serenidad que buscamos aparecerá en nosotros cuando dejemos de forzar las situaciones, de competir, de tratar de ganar, aunque sea a nosotros mismos. Hemos transformado la idea de superarnos en "triunfar a cualquier costo". Me pregunto, ¿cuál es el trofeo que queremos poner en el estante?, ¿nuestra cabeza, cuerpo o corazón agotados en la carrera?

Contemplar el suave oleaje desde un muelle, ver juguetear a una mascota, o seguir el recorrido de una mariposa de flor en flor, sin duda alguna, nos apacigua. Esa misma sensación vamos a sentir cuando podamos anudar nuestra atención a la respiración. La diferencia es que estaremos volcados hacia adentro, que es el punto de partida en el camino de autoconocimiento que emprendimos.

Prácticas de respiración

Quizá en un principio necesitemos cerrar los ojos, como gesto simbólico de dirigir la atención al interior.

El paso siguiente es conectarnos en el ritmo. Todo en la naturaleza lo es, el latir de nuestro corazón, la alternancia de estar dormido o despierto, la noche y el día, o las estaciones.

Centrados en la respiración, imaginemos que la acompasamos a una línea vertical ascendente cuando inspiramos y otra descendente cuando exhalamos. Nuestra mirada interna nos va a ayudar.

Para ir pasando por estas modificaciones no hay tiempos, es cuestión de articular un cambio cuando sintamos que el otro se ha instalado de manera natural.

El siguiente ejercicio consiste en imaginar que vamos realizando un cuadrado. Con la inspiración, dibujamos una vertical ascendente por el costado izquierdo del pecho y una horizontal que cruza hacia la derecha. Al exhalar, descendemos por el flanco derecho y trazamos una horizontal por la parte baja de nuestros pulmones hacia la izquierda. Esta práctica nos va a dar una sensación de respiración ampliada, con mayor expansión. Recordemos que esto es un movimiento energético, no un esfuerzo físico. Con estas prácticas nuestra respiración tendrá un ritmo más estable.

El último ejercicio de esta serie, en cualquier momento que esto fue-re, consiste en lo siguiente: repetir varias respiraciones hasta sentir que nuestra atención está suavemente anclada allí. Imaginar que con una ins-piración, en el fondo de nuestros pulmones se prende una luz mínima, como si fuese una celdilla de un panal de abejas. Y con cada entrada de aire, se prenden más y más luces hasta completar los pulmones. Ahora, imaginemos que con una inspiración se disuelven las paredes que separan unas celdillas de las otras, y los pulmones son dos espacios llenos de luz. Y entonces con otra inspiración, la luz trasciende el límite de los pulmones, se expande hacia todo nuestro cuerpo y desde allí se abre hacia el espacio circundante en un movimiento que avanza hasta perderse en el infinito. Y nosotros permanecemos allí, quietos, suavemente atentos, vivenciándo-nos fundidos con lo que nos rodea, sin fronteras. Esto es lo que buscamos a través de estas prácticas: sentirnos uno con el Universo. De hecho lo somos, nada puede existir fuera de él, solo falta darnos cuenta.

Un tema importante a tener en cuenta acerca del aquietamiento de nuestra mente es saber renunciar, ¿a qué?, a todo lo que sobre. Cada vez que escuchemos como un logro "el máximo rendimiento" o cualquier equivalente, abramos los ojos porque probablemente en ese "máximo" esté atrapado nuestro sufrimiento.

Las demandas del mundo son cada vez mayores. Hay una sobrevaloración de la excelencia o por lo menos está corrido el foco. Los adultos deben ser exitosos en el trabajo, tener cada vez más poder, para cada vez tener más dinero, para cada vez tener más poder. En el trabajo no se puede bajar la guardia, siempre hay alguien dispuesto a hacer un poco más. La ambición va de la mano de la competencia y circula contagiando todo lo que toca. Tras una jornada laboral agotadora, viene el gimnasio para tener cada músculo en su lugar; más la casa, los hijos, los padres, el deporte, la vida social. Y no dejemos de lado la información, siempre deslumbra quien puede hablar del G20 como si fuera el canciller alemán. Además hay que estar al día con el cine y la música, desde los nuevos grupos hasta la última función de gala del Teatro Colón, uno debe poder asentir con la cabeza si alguien los menciona.

Quizá parezca exagerado, aunque es interesante poder poner palabras a ese murmullo que resuena todo el tiempo como un acúfeno.

La fantasía que sostiene esta penitencia a la que nos sometemos es que dar el 100% traerá aparejado el alivio. El problema es que ese 100% se reparte en muchos frentes y el esfuerzo por multiplicarlo nos va llevando en pedacitos. Ese cerebro *multitasking* es la computadora que hace funcionar este complejo sistema, con un nivel de presión a veces insoportable. ¿Sabías que el estrés quema neuronas? Ya hablaremos de eso.

Los menores no quedan afuera de la rueda; las exigencias escolares son cada vez mayores. Un chico que asiste a un colegio de escolaridad doble tiene la misma cantidad de horas ocupadas que un adulto. El argumento es que deben prepararse para la vida. Tan acostumbrados estamos a ese eslogan, que casi nadie se pregunta ¿para qué tipo de vida? Un niño no es un adulto en envase chico. En él nunca va a florecer lo que no se sembró. Si la mejor semilla es inglés, computación, olimpiadas matemáticas, competencias deportivas y varios etcéteras, el resultado será otro robot funcional al sistema: una persona exigente, exigida y con un nivel improbable de felicidad.

Si nos detenemos a reflexionar y a analizar nuestro interior, pronto llegaremos a la conclusión de que estas son metas incumplibles. Estamos condenados al fracaso desde el inicio. Quedamos atrapados en la convicción de ser incapaces, faltos de talento o de voluntad. ¿Cuál es la contracara de este sentimiento difuso pero impregnante? La culpa. ¿Por qué? Porqué nosotros no estamos a la altura de lo que deberíamos ser.

El planteo está lejos de sugerir que el mejor camino sea circular de contramano; la idea es concientizarnos acerca de nuestro derecho a elegir. Sea el que fuere el destino que escojamos para nosotros, las ganancias y las pérdidas también lo serán. No se pueden volar demasiados cielos, porque es probable que algunos sean propios y otros, deseos ajenos. Seguramente no nos interesen todos, o no con la misma intensidad. La medida humana es la medida de lo suficiente. Un ejemplo simple: quizá sean "suficientes" 45 minutos de caminata o dos partidos de tenis semanales. ¿Hace falta entrenar como un deportista de alto rendimiento? Este ejemplo del *gym* vale para cualquier otro escenario. En los gimnasios de hoy, la música raya en el descontrol en cuanto a ritmo y volumen, las luces intermitentes marcan el ritmo y junto con las instrucciones a gritos de un *personal trainer*, producen un estado generalizado de "estar bien arriba, vayamos por más". El modelo a seguir está en el Olimpo, transpirado y mostrando músculos. Y los espejos reproducen las propias limitaciones. El modelo de la competencia, la ambición y el exhibicionismo adopta este ropaje u otros aparentemente más elevados: el trabajo, el arte o una sociedad de beneficencia, donde el patrón de medida es la bondad, la compasión y la entrega.

Una mente silenciosa comprende la diferencia entre lo genuino y el disfraz. A partir de esto cobra sentido "ser como uno es", no "como uno quisiera ser". ¿Esto es una condena? ¡Todo lo contrario! Es el punto de partida para un cambio duradero.

La existencia que tenemos hoy era impensable solo décadas atrás. Hoy disponemos de medios tecnológicos que nos han cambiado la vida: Internet es la ventana a un mundo sin fronteras. Se extinguió la distancia. Pero también la tecnología introdujo un grito continuo que exige estar al día, responder mensajes, participar; en definitiva, una tarea imposible, si uno aspira a tener algo que pueda llamarse "la propia vida". El mundo es una boca insaciable. Disponer de la propia vida es darle a todo lo exterior la medida que elijamos.

PRÁCTICA. Mi sistema solar

Para poder aproximarnos a la confección del propio mapa necesitamos saber dónde estamos en este momento. Es diferente a "dónde nos gustaría estar", es mirar con microscopio la manera actual de estar en el mundo.

En la evolución, el sentido de la vista fue muy anterior al pensamiento y a la palabra. Trabajar en imágenes y en silencio brinda otra honestidad a la búsqueda, porque al no tener ruidos que confundan, los personajes internos se expresan. Cuanto mayor sea el silencio interior, se personificarán con mayor precisión. Imaginemos un sistema solar donde el lugar central lo ocupa un protagonista firmemente enraizado que se llama "yo tengo que". La propuesta es dibujar cada círculo y dentro poner un nombre. Ese ombligo estará rodeado por múltiples planetas de diferente tamaño y cercanía. Vale la pena dedicar un tiempo a una introspección distendida, para dar lugar a la aparición del planeta más lejano, porque todos reclaman con diferentes voces, pero reclaman. Google Map no podría haberlo hecho mejor. Lo que está expresado en ese papel es un fiel reflejo de la realidad.

Es importante tener en cuenta que todo trabajo de búsqueda debe realizarse en un marco amable, gentil, con la inocencia de quien se asoma a algo rico y valioso por primera vez. Es imprescindible dejar afuera los "ya sé", Nuestra sociedad tiene rasgos demandantes, autoritarios y somos el fiel reflejo. Una actitud policíaca nos hará perder una oportunidad preciosa y dejará una marca doliente. Al propio interior hay que entrar en puntas de pie y pidiendo permiso.

Para articular otro sistema planetario, hay que ubicar en el centro del sol esta frase "x… es lo que me haría bien". Es preferible dejar de costado la palabra "quiero" porque no es garantía de elección acertada, podría ser representante de una voz impuesta tan fuerte que se escucha como propia. En ese sistema deberán incluirse los elementos que, uno supone, deberían estar presentes en una vida de bienestar. La tolerancia es imprescindible para atreverse a aceptar que esas cosas son internamente válidas para uno mismo. ¿De qué serviría plantearse "quiero ser vegano" si no existe dentro de uno? ¿Almorzar hamburguesa de soja con quinoa y morir por una pizza? Hmmm. En este caso, la idea de comida saludable es una voz ajena, probablemente adquirida desde la moda. Más allá de si el fin es bueno, debe ser genuino. Aceptar quienes somos, tal como somos acalla la mente, silencia el diálogo interno que intenta arrastrarnos hacia un lado u otro. Eso nos traerá el alivio de aceptar que, siendo quienes somos, encontraremos el mejor lugar para habitar.

¿Qué pasaría si superpusiéramos nuestros dos sistemas planetarios? ¿Hay total coincidencia, pocas, alguna? Con frecuencia encontramos que directamente son universos paralelos. La distancia entre ambos muestra el grado de disociación, al punto de descubrir, algunas veces, que uno es un extraño en su propia vida.

Todo lo antedicho refrenda lo que Mindfulness plantea como: la actitud necesaria para aquietar la mente:

1. *Atento a la experiencia*
2. *Sin prejuicios*
3. *Sin preconceptos*
4. *Sin buscar datos semejantes en la experiencia*

La naturaleza tiende al ahorro en todo sentido, a tratar de invertir la menor cantidad de recursos en la prosecución de cada fin. De allí se desprende el concepto de "economía psíquica". Desarrollar una nueva conducta requiere de mucho esfuerzo: esclarecimiento de la meta, herramientas necesarias, evaluación de riesgos y análisis del entorno son solo algunas de las variables en juego. Concretado un logro se incorpora como experiencia, porque repetir esa acción como si fuera nueva cada vez secuestraría la energía que debiera estar disponible para una nueva adquisición. Un ejemplo concreto: seguramente, aprender a lavarnos los dientes en su momento requirió de mucha atención puesta a prueba y error. Al acceder al resultado satisfactorio, el mecanismo se incorporó como hábito. Ya está. A partir de ese momento solo hará falta el impulso inicial: "voy a lavarme los dientes". Seguramente esta acción vendrá seguida de un paseo mental mientras lo hacemos, ya que ejecutarla no implica ningún peligro. Pero si tuviésemos que emplear un hacha, la atención puesta en esa acción sería mucho mayor. ¿Por qué? Porque en el camino de la estructuración de hábitos también aprendimos a diferenciar entre peligroso y no peligroso. Un chico pequeño está continuamente observado por un adulto que señala "esto sí" o "esto no". Así aprendemos. La energía puesta en la ejecución de un acto habitual queda liberada para cuestiones que nos presentan una nueva pregunta.

En el funcionamiento de la psiquis opera el mismo mecanismo. La organización del conocimiento se hace en base a creencias. A medida que enfrentamos nuevos estímulos internos o externos los catalogamos en creencias sobre mí, sobre los otros o sobre el mundo: allí se esconden los preconceptos y otros pensamientos escurridizos. Y acá empezamos a transitar un camino dudoso en cuanto a la verosimilitud del contenido. Ningún componente de la vida psíquica es inocuo, todos nos hacen actuar. Tomemos un ejemplo: "creo que en un equipo de trabajo hay que ser tolerante, porque esos son *los míos*". Responder o no a esa consigna podrá acarrear aceptación o incomodidad, pero si mi situación es que debo conservar ese trabajo, ante cualquier desvío, aparecerá la tendencia de volver al carril. Esa es una creencia que será operativa en la medida que la pertenencia a ese equipo no conlleve mayor inquietud. Esa podría considerarse una creencia positiva.

Pero podría tener otro archivo que dijera "los psicólogos son para los locos". Esa creencia la escuché durante mi vida profesional muchas más veces de lo que hubiera querido. ¿No la hubiera querido porque me implica? No, por quien la manifiesta; porque si en alguna situación esa persona necesitara concurrir a un profesional del área, probablemente iría con recelo, buscando la falla y la excusa para renunciar, confirmando: "esto no es para mí, no estoy loco".

Las creencias son anteojos oscuros, a veces impenetrables, que impiden mirar la realidad tal cual es. Es un mecanismo que, ante un estímulo, busca entre los viejos archivos alguna coincidencia: no saber inquieta, rompe el equilibrio, impulsa a buscar algo que lo ayude a recuperar la estabilidad. Cuando lo encuentra, aparece el alivio. Por esa razón se buscan *datos similares en la experiencia*. El hallazgo, a partir de "ya sé", toma cualquier forma hasta encajar en el molde, aunque fuera a presión, rebalsando partes hacia afuera o dejando huecos por dentro. Pero para la psiquis es mejor una solución fallida que permanecer en la inquietud.

¿Cómo aparecen las creencias en la vida cotidiana? En forma de *prejuicios*, entendidos estos como un conocimiento que antecede al contacto con un hecho. Los prejuicios más intensos son fácilmente reconocibles, muchos más problemas nos acarrean los sutiles preconceptos que nos salpican el día a día.

Para poder estar atento a la experiencia es imprescindible dejar explayarse a las creencias, para poder observarlas e investigar su origen. Una tendencia protectora es reconocerlas y descartarlas a velocidad, implementando el mismo recurso: tratar de recuperar el equilibrio perdido.

La mente suele escaparse ante cualquier intento de introspección, porque divagar no requiere de ningún esfuerzo, aunque la energía en juego sea cuantiosa y desperdiciada. La mente viaja entre recuerdos, fantasías, repasa el pasado e inventa el futuro, perdiendo la posibilidad de operar en el presente, que es en el único lugar donde verdaderamente está, aunque no lo habite. La atención plena que pregona Mindfulness es justamente lo opuesto: permanecer en el presente, con conciencia plena de lo que está aconteciendo en ese momento, en ese corte en el tiempo donde la vida se manifiesta.

La forma más elevada de la inteligencia humana es observar sin juzgar.

Jiddu Krishnamurti

SEGUNDO PILAR: Autoconocimiento

Este no es un punto de partida ni de llegada, es un compañero de ruta, un hallazgo a cada paso. Conocerse tiene que ver con el proceso de ir reconociéndose individuo, un ser diferenciado del medio y de los otros. Es lo que se va revelando, lo que ayuda a desprenderse de lo inútil, de lo que enceguece y no permite ver la luz verdadera. Funciona como un farol que marca el camino, ese que nos llevará hacia lo que para cada uno se constituya en el sentido de la vida. Ese "sentido de la vida" es otra frase que carga sobre sí todo el peso de la cultura. Es lo que nos llena de culpa cuando sentimos que en nuestra existencia no hay nada trascendente, que no vamos a dejar nuestra marca en el mundo y todas esas aspiraciones megalómanas que solo logran quitarnos lo único seguro que tenemos: la experiencia de la vida.

Hemos confundido los términos, tenemos grabado a fuego el concepto de "ser una buena persona" como punto de partida y como fin último, como si el ser humano fuera una estatua terminada y sin grietas. Y que en medio de esos extremos hubiese un agujero y una ignorancia absoluta acerca de cómo llenarlo. Esa creencia es absurda, no tiene nada que ver con la vida: una instancia móvil, impredecible y plena de energía. Y en medio de ese torbellino, con una mente silenciosa, iremos descubriendo quiénes somos.

TERCER PILAR: Aceptación

La aceptación no puede ser una palabra, una frase vacía, es una actitud ante la vida. Acá también aplica la sentencia "debo ser". En este caso "debo ser apacible y tolerante". Pero "debo ser" no tiene entidad, no existe en ningún lado. La única manera de lograr esta aceptación que estamos buscando es bucear en nuestro interior hasta descubrir cuál es nuestro modo de ser en el mundo, cuál es la impronta con la que enfrentamos las situaciones de la vida.

Actitudes básicas ante las contingencias

Estas actitudes se expresan en modelos de opuestos:

Estilo combativo, actitud resignada y actitud indiferente, pudiendo presentarse combinadas o alternadas en diferentes períodos.

El **estilo combativo** encara la vida como una batalla; el éxito y la felicidad que supuestamente trae aparejado se mide en ganar o perder. Esto condena a la persona a un estado de estrés crónico, provocado por el estado de alerta necesario para estar siempre en pie de guerra, para conquistar la ansiada felicidad. Como esta no aparece, se redobla la lucha, porque en algún lugar debe estar ese enemigo que se resiste a entregar el trofeo.

La **actitud resignada** habla de una persona atrapada en el juego inconsciente de dos personajes internos: *víctima-victimario*. El que actúa en la superficie es la víctima y el personaje mudo, el victimario. Este último empuja a la víctima a desarrollar acciones para acceder a la felicidad, y la víctima queda presa del sometimiento al castigo, ya que la felicidad no es un bien estático a adquirir. En esta posición hay mucho sufrimiento porque el desacuerdo entre ambos conlleva el dolor de cualquier disociación importante.

La **actitud indiferente** muestra a una persona anestesiada. No hay ninguna fuerza antagónica predominante, están equilibradas, por lo tanto se anulan. El resultado es encontrarnos frente a un pasajero de la vida paralizado en el andén.

Cuando se habla de aceptación lo primero que aparece es el empeño en "aceptar las cosas tal cual son". Pero antes de volcar la mirada hacia el mundo exterior hay otro paso: atender nuestros aspectos disociados, poder escuchar todas las voces y buscar la manera de reconciliarlos, sin expulsar a ninguno de los dos, ya que ambos son constitutivos de nuestro ser. Cualquier personaje del mundo interno se expresará de manera más disfuncional cuanto más relegado e ignorado se lo tenga. Ese aspecto está allí por algo y requiere ser escuchado. Negar lo más primario en uno solo aumenta la disociación. La investigación amable y el trato compasivo son la manera de educarlos. La aceptación empieza por unir lo despegado en uno. Solo a partir de allí la mirada sobre el mundo será genuina.

Para descubrir el propio modelo, habrá que recrear con la imaginación alguna situación emocionalmente fuerte y analizar cuál fue la actitud tomada. Repetir la búsqueda en otros escenarios, buscando un patrón que se repita. Mirar a los propios personajes como si fueran actores de una obra de teatro donde uno es el espectador. Solamente observar sin intervenir, para que los prejuicios no distorsionen la mirada. Eso es atención plena: estar allí presentes, sin juzgar. Simplemente, estar. "Simplemente". Hay mucho que transitar, que abandonar por el camino, para que esa simpleza aparezca. El trato amable, autocompasivo, es el mejor compañero de camino.

CUARTO PILAR: Exploración sensorial

Utilizamos nuestros sentidos como medio para explorar el mundo, pero difícilmente sean objeto de atención. Damos por hecho que nos corresponde disponer de ellos y nos parece injusto tener alguna falla, ya ni digamos falta. Nuestra conducta suele ser de poco reconocimiento o agradecimiento; solemos advertirlos en la ausencia. Sin los sentidos no tendríamos noticias de un mundo de variables infinitas, de todos los colores, texturas, sonidos y perfumes; el mundo sería amorfo, mudo, inodoro, insípido, plano.

Vivimos en medio de un concierto a toda orquesta y, gracias a la atención selectiva, podemos diferenciar un estímulo de otro y otorgarles o no protagonismo. Pero a veces, estamos tan sobreestimulados que los sentidos se adormecen, como modo de cerrarse al bombardeo.

La vida cotidiana de las grandes ciudades es un caldo de cultivo de estrés. Por más estrategias de las que disponga una persona para afrontarlo, el agua termina arrasando la represa. La buena calidad de vida difícilmente se dé con espontaneidad. La atención plena funciona como un detector que muestra dónde parar o alejarse, a traducir en hechos concretos. La expresión de deseo es solo una fantasía. La vida no es un borrador, es ese espacio donde nuestra existencia se manifiesta.

La contaminación sensorial, emocional y mental requiere de momentos de interiorización, de recluirse, de bajar el estado de alerta.

Hasta lograr mantener el equilibrio en medio de la marejada de la vida cotidiana es conveniente realizar las prácticas en algún lugar silencioso, donde se tenga la seguridad de no ser molestado. El escenario es indistinto, lo prioritario es la intención.

PRÁCTICA. El mensaje de los sentidos

Podés comenzar rozando suavemente las yemas de los dedos de cada mano entre sí lentamente prestando atención a las texturas, la diferencia de temperatura, registrando sin apuro los datos que el tacto nos ofrece. El tiempo dedicado a este ejercicio es personal. Probablemente estés absorto en el llamado estado de *flow*, hasta empezar a sentir que ya descubriste todo lo que allí había *en ese momento para vos* y, sin buscarlo, salís de ese ensimismamiento, casi como si despertaras. Con el transcurso de las prácticas notarás que el tiempo se extiende, otorgando una sensación placentera cada vez más prolongada. Si prestás atención a la respiración ahora, seguramente notarás que es más profunda y estable, como resultado de una mente que se aquieta en el silencio. Ahora podés cerrar los ojos y deslizar suavemente las yemas de los dos índices por los párpados, escuchando lo que esa superficie tiene para decir. Luego, abrir los ojos y pasear una mirada desenfocada por el lugar. Nuevamente, cerrar los ojos y atender a la impresión que quedó en este momento en la vista. Se puede repetir la secuencia varias veces, sin intentar clasificar ni poner nombre a la experiencia. Simplemente estar allí. Podés elegir continuar con los ojos abiertos o cerrados, aunque la segunda opción es más fácil para un principiante. Vas ahora a dirigir la atención a la boca, a ese hueco con montes, valles y piedras. Es decir: no es lengua, no es paladar, ni son dientes. Es "eso" hacia donde focalizarás la atención. Vas a tratar de sentir un gusto, sin clasificar en ácido, fresco, amargo o lo que fuere. Solamente vas a tomar conciencia de que allí adentro hay una función que se llama gusto y a escuchar lo que tenga para decir. El paso siguiente será acercar los índices a la nariz y recordar que hay un sentido que se llama olfato, que detecta olores. Lo dejarás ser sin intervenir, hasta registrar algún olor que tus dedos desprendan. Es de buena práctica agradecer a cada órgano su función. Esta experiencia tiene que ver con reverenciar la vida que nos habita y hacer honor a ese regalo. Para finalizar, centrarse en el silencio y en los sonidos que aparezcan: el latido del corazón, la garganta al tragar saliva, quizá algún ruido ambiente o lejano.

Este ejercicio tiene como finalidad desintoxicar nuestros sentidos y afinarlos, como quien tiene entre sus manos un instrumento maravilloso, que de hecho el cuerpo lo es, lo reconoce y lo cuida como tal.

QUINTO PILAR: Exploración emocional

Las emociones son fuerzas que brotan desde "esas tripas" que están más allá de nuestras manos racionales. Nos invaden, nos poseen. Es esa energía desconocida que de pronto nos llena los ojos de lágrimas o nos sorprende, a nosotros y a nuestro auditorio, con un estallido de voces destempladas o palabras casi irreconocibles. Pero también, ¡ay, también!, de pronto, de la nada, porque sí, nos llevan a volar mágicamente a dimensiones celestiales. Desconocidas, caprichosas, irreverentes, así son nuestras emociones.

Alegría, miedo, ira, sorpresa, rechazo, tristeza conforman un ramillete multicolor, con una casi infinita gama de semitonos y combinaciones que conforman nuestro particular escenario.

Tan compleja es la trama que me parece acertado hablar de *universo emocional* y dedicar un apartado especial a su desarrollo.

CAPITULO II

MINDFULNESS Y ANSIEDAD

Dice un viejo bolero:

> *Ansiedad de tenerte en mis brazos,*
> *musitando palabras de amor...*
> *Ansiedad de tener tus encantos*
> *y en la boca volverte a besar...*
> (Autor: José Enrique Sarabia)

Esto no es ansiedad. La ansiedad no es asomarse en puntas de pie vislumbrando una situación deseable, murmurar palabras de amor y, menos todavía, con besos repetidos.

En una escena de *Hannah y sus hermanas*, Woody Allen aguarda en la antesala de un consultorio médico. Se abre la puerta, el profesional lo hace pasar, pone un estudio en el negatoscopio (aparato con luz detrás para ver placas y demás) y le dice algo así: "Como me imaginaba, usted tiene un tumor cerebral, le queda poco tiempo de vida".

En la escena siguiente se repite la secuencia, solo que esta vez el médico le dice "Usted no tiene absolutamente nada".

Woody Allen nos regala su inspiración para mostrar un ansioso en pensamiento, sentimiento y conducta. La segunda escena es la real, pero el protagonista descree esa realidad, insiste en la anticipación de su sufrimiento y se lanza tras alguna vacuna que calme su profético dolor. A partir de allí, propulsado a expectativa de catástrofe, comienza a buscar con ahínco la religión que mejor se ajuste a su interés ulterior: la garantía

de la vacante en la vida eterna. El camino se va sembrando de una deses-
peranza ácida y melancólica ante la inevitabilidad de la tragedia, el miedo,
la culpa y el castigo, más los interminables síntomas físicos del personaje.

El cine le da aire de comedia al sufrimiento de un ser humano arrojado
a lo incomprensible de una existencia que no eligió (al mejor estilo hideg-
geriano) intentando controlar lo incontrolable: la vida, su sentido, la muerte
y el futuro del futuro.

Este viaje hacia la Tierra del Nunca Jamás *es* la ansiedad, desplegada
en la película con la lentitud de quien desgrana en cámara lenta un racimo
de uvas frente a nuestros ojos. En tiempo real, es un recorrido vertiginoso
intentando descubrir dónde va a estallar ese peligro inminente que el Destino nos tiene preparado.

La ansiedad es una emoción displacentera, que se define como *expectativa catastrófica*. Es una fantasía de control irremediablemente con-
denada al fracaso. Tuvo un rol fundamental en los albores de la especie,
funcionando como un mecanismo de alerta. De hecho, sigue cumpliendo
la misma función, solo que en la vida actual fue perdiendo su primer objetivo para ubicarse más cerca de la patología, por su intensidad y su casi
omnipresente presencia.

La ansiedad es un mecanismo adaptativo si aparece en una situación
que la justifica, de duración limitada y de intensidad acorde al estímulo.
Estas dos últimas características suelen estar fuera de medida. En circunstancias normales funciona como un motor para la acción: estando un
organismo en estado de equilibrio, surge un estímulo interno o externo que
lo quiebra; la ansiedad irrumpe como una fuerza que impulsa a una acción
para restablecer el equilibrio (homeostasis). Esa acción es una de las dos
respuestas primitivas posibles: ataque o huida, o su equivalente en la vida
moderna.

Pero hay situaciones en que la ansiedad se convierte en disfuncional.
Si midiésemos la ansiedad en una tabla del 1 al 10 y donde el 10 fuese
el máximo, el nivel de ansiedad normal rondaría el nivel 4. Pero podría ser,
y lamentablemente sucede con frecuencia, que en una persona la línea
basal esté por encima de 4, que las fluctuaciones sean demasiado amplias
o se mantengan en un nivel alto casi de manera constante.

La ansiedad provoca gran cantidad de síntomas físicos y psicológicos, produciendo una baja considerable en la calidad de vida. Fácilmente

podemos encontrar las quejas habituales del ciudadano medio: insomnio, taquicardia, cefaleas, trastornos del sueño, de alimentación, contracturas, dolores itinerantes, cansancio, preocupaciones constantes, sensación de agobio, ira, tristeza, impotencia, inestabilidad emocional, etc. Cualquiera de estas, aisladas, ya es causa de incomodidad. Pero habitualmente, se enlazan unas con otras, manifestando en la persona un cuadro complejo. Imaginemos esta cadena posible: alguien con preocupaciones constantes sentirá agobio, inestabilidad emocional y angustia. Seguramente, esto traerá aparejado cansancio. Probablemente, padecerá insomnio, por lo cual, después de una mala noche, tendrá más agotamiento, malestar general y quizá empiece a sentir dolores erráticos. A lo mejor bruxee por el trastorno del sueño y al día siguiente tenga dolor de cabeza.

Los trastornos de ansiedad son muchos, por eso, cuando una persona presenta cierto número de estos síntomas y no se resuelven de manera espontánea, hablamos de "trastorno de ansiedad generalizada", diagnóstico generalizado también. ¿Sabías que Argentina está entre los países de mayor consumo de ansiolíticos, consumidos sin indicación profesional?

La tristemente famosa adrenalina es una de las causantes de este "incendio". En realidad, esa descarga hormonal es imprescindible dentro de la dinámica vital, para disparar el mecanismo de alarma ante una amenaza, solo que, circulando en exceso, intoxica y deteriora.

Veamos qué pasa a nivel energético. La ansiedad, como mecanismo de alerta, semeja la sirena de los bomberos o un semáforo en amarillo que dice "atención": hay que aguzar el oído, abrir los ojos, apretar las mandíbulas y esperar la sorpresa al grito de "cuidado".

La ansiedad podría compararse con una gran aspiradora que nos "chupa" del momento presente para llevarnos al futuro en vuelo vertiginoso, para enfrentarnos a un peligro inminente. He aquí la expectativa catastrófica, solo que el mecanismo suele dispararse en situaciones cotidianas que no ameritan tanta inversión. En esta movida de tropas de defensa hacia un frente imaginario, perdemos de vista que los pertrechos de este soldado tienen un costo elevadísimo: la propia vida y en múltiples sentidos.

Desde la mera supervivencia (y no es poco decir), el riesgo de semejante hervidero muerde directamente en el cuerpo de manera cruel. Y desde el deseo súper válido de hacer de nuestra existencia algo más que "durar enteros", esta estampida nos pone en las antípodas de ese camino.

De la calma del "aquí y ahora" nos vemos eyectados al "allá y después" o sea, un espacio sin lugar definido y en un tiempo inexistente, y como si esto fuera poco, a un escenario de catástrofe. Los pequeños desastres cotidianos causan el mismo daño que los trascendentes, ya que en términos de armonía, lo que nos daña no es la realidad exterior sino nuestra propia y particular manera de responder. Desbordar por quedar atrapados en un corte de ruta es tan dañino como descontrolarnos ante un hecho irreparable. El cuerpo no discierne, registra el estímulo y responde "desastre".

Aldous Huxley, escritor que rescata el término *filosofía perenne*, en su deliciosa novela *La isla* despliega un rico abanico de perlitas. Filosofía perenne remite a un cúmulo de conocimientos que perdura a través de los tiempos, zigzagueando por diferentes culturas, adoptando diferentes ropajes sin alterar su esencia. En la mencionada novela, esta isla tan particular es sobrevolada por unos pájaros llamados *minah*, que todo el tiempo gritan *karuna*. Cuando el visitante pregunta qué significa esa palabra, la respuesta es "aquí y ahora"… para que la gente no lo olvide.

Tan acostumbrados estamos a vivir inmersos en síntomas de ansiedad que sus consecuencias las tomamos como algo corriente y no como una señal que muestra que hay algo que está fuera de medida, al punto de confundir su manifestación con el modelo imperante en la vida actual. ¿Cuántas veces decimos: "salió mejor de lo que esperaba" o "fue más fácil de lo que pensé"? Y el argumento con que sostenemos esos comentarios es "la vida está difícil" o algo por el estilo. Te pregunto: ¿y cómo esperabas que fuera?, ¿cuál era la fantasía al respecto?

PRÁCTICA. La ansiedad en mí

» ¿Hay algo que te preocupe de manera insistente?

» ¿Tenés problemas de sueño?

» ¿Te dolió la cabeza o el estómago en esta última semana?

» ¿Tenés contracturas?

» ¿Te cuesta levantarte?

» ¿Te sentís cansado o agobiado de manera frecuente?

» ¿Te sentís repentinamente triste o enojado, sin motivo aparente?

» ¿Trabajás muchas horas?

» Al terminar tu horario de trabajo ¿quedás rumiando cuestiones laborales?

» ¿Tenés tiempo libre en cantidad y calidad suficiente?

» ¿Lo aprovechás?

Esto no es un test para contar las respuestas y hacer una evaluación. Es una invitación a respirar hondo y detenernos un instante para ver dónde estamos, hacia dónde vamos y para qué.

¿La meta sigue a la vista? ¿O la vida será "después", en algún momento más propicio, cuando los vientos cruzados dejen de soplar?

"Esto" que está transcurriendo aquí y ahora es nuestra vida, no un ensayo de la vida.

En el presente no hay ansiedad; podrá haber enojo, tristeza o lo que fuere, pero la ansiedad se refiere a expectativas, a futuro, a la inquietud que nos genera lo desconocido.

Tampoco es la idea (todo lo contrario), señalar con el dedo y acusar "estás ansioso", justamente hay que bajar ese dedito que no es más que un representante de figuras críticas internalizadas, resabios infantiles, o patrones sociales de exigencia que jamás serán saciadas.

¡Cuánto nos beneficiaría darnos cuenta de que sea donde fuere que nos encontremos, ese lugar está muy bien! Quizá no sea bueno, pero está bueno "vernos" allí. Echar raíz y ver qué sucede. Allí. En ese lugar. En ese momento.

La vida es una sucesión de momentos presentes. Muchas veces decimos: "a mí siempre me pasa lo mismo" o "siempre estoy en el mismo lugar". La vida no se detiene, todo está en continuo cambio. Por lo tanto no hay ninguna posibilidad de detenernos; si esta es nuestra sensación, seguramente estemos eligiendo siempre lo mismo, confirmando a cada instante la decisión de permanecer de manera imaginaria, estaqueados en el mismo escenario.

Necesitamos una mente calma, que observe de manera apacible. Casi como un contrasentido, ¡no hay que trabajar para lograrla! Esforzarnos en ese camino es como tratar de sujetar agua o arena en la mano. Si hacemos con la palma un cuenco, cobijará lo que naturalmente quede; en cambio, si cerramos los dedos, lo único que quedará es la frustrante sensación de haber tenido algo y haberlo perdido. El aliento sutil es poder *estar* de manera pasiva, sin tironear para serenarnos. Hay que rodear la cuestión: el silencio se dará por añadidura.

Irving Yalom, psiquiatra, psicoterapeuta y catedrático estadounidense, en su maravilloso libro **Verdugo del amor**, dice que en el fondo de la ansiedad está el miedo a la muerte y refiere como patrón a esas pocas veces en la vida en que sentimos el estallido de un *flash* en cuerpo y mente: la cercanía de la propia muerte y el espanto que provoca. Cuando leí esto por primera vez fue un ¡ajá!, he aquí la razón de su energía indómita.

Hoy pienso que esta ansiedad fantasmal aparece en el filo de todo lo que ocultamos, lo que negamos, el argumento con el que nos hacemos sufrir a nosotros mismos, o sea nuestras pequeñas muertes. ¿No es suficiente ya que nos pase "eso" que nos pasa, como para además hacernos sufrir por padecerlo? Hemos idealizado al hombre, lo hemos investido de virtudes inalcanzables, celestiales, incorruptibles y no somos eso; quizá sería muy bueno que lo fuéramos o no, pero no lo somos. La condición humana es esto: errores y aciertos, fortalezas y debilidades, dioses y demonios, ¿no es gracioso suponer que de ese crisol caótico vayamos a sacar oro?

La vida es el gran misterio. Nuestra vida es un gran misterio. Si ni siquiera podemos dar cuenta de nuestra existencia, ¿tiene sentido bloquear nuestro camino llenándonos de críticas, culpas y castigos?

La ansiedad es un mecanismo que, desde lo finalista, está destinada al fracaso; no hay forma de evitar el riesgo que la vida conlleva: perderla.

¿Se puede disolver la ansiedad? ¿Hay alguna forma de eliminarla? Inscripta como está en los cimientos de nuestra especie, probablemente no, pero se puede hacer mucho por amortiguarla.

Ansiedad y calma son antagónicas. La práctica de Mindfulness, regula lo psico-bio-emocional. La conciencia presente, estar en este corte témporo-espacial de nuestro devenir, es la forma. Ese quizá sea el gran secreto de quienes han dejado de temer.

Una fuente de dolor son nuestras fantasías: la imagen, en la evolución, fue anterior a la palabra. Cada vez que fantaseamos con escenarios temidos construimos una imagen. Esa imagen detona pensamientos y emociones, tal como si fuera la realidad. El daño que nos causa es difícil de medir; un daño evitable. Valdría la pena preguntarse por qué elegimos lastimarnos: nuestro "observador interno" puede ser un buen terapeuta.

Huir, ¿hacia dónde? ¿Dónde podríamos estar a salvo de la vida? En cada intento de fuga dejamos el cuerpo (lo más denso de la energía) en el presente, para lanzarnos hacia una cruzada mental casi mítica a enfrentarnos con enigmas del universo. Esta escisión nos deja desvalidos, acentuando la tan temida noción de vulnerabilidad.

Quizá nuestras interminables preguntas supongan que hay alguien que esconde las respuestas. Víctor Frankel, en su libro *La presencia ignorada de Dios*, dice que el hombre no puede dar respuesta al sentido de la vida, pero sí puede dar respuesta al sentido de "su" vida.

Y es en una mente silenciosa donde se puede encontrar esa respuesta, así, con minúscula. Demasiadas veces caemos en planteos ampulosos que, al enfrentarlos con nuestra realidad, nos hacen sentir devaluados, desteñidos. Alguna vez tendremos que desprendernos de esos sueños infantiles de grandeza; tal vez la grandeza sea aceptar la limitación, lo incierto, la falta de respuesta.

Quizá el paraíso sea sentarnos cara a cara con nuestros fantasmas y quedarnos así, observando; si dejáramos de huir posiblemente descubriríamos que ellos no son tan temibles, ni nosotros tan vulnerables.

Cielo e infierno, ángeles y demonios, todo está hecho con la misma madera, con la misma materia de todo lo que existe en el Universo. Podemos elegir con qué identificarnos, podemos elegir un escenario posible; todos los recursos están extendidos delante de nuestro horizonte, pero seamos humildes, no vamos a poder tenerlos todos, ni desarrollarlos todos. ¡Ni nadie espera eso!

En una vuelta serena a nuestro interior vamos a encontrar cobijo para nuestros miedos, nuestras heridas; no hay mejor lugar donde estar, simplemente porque este es el lugar que nos ha sido asignado: este cuerpo, esta cabeza, este corazón, este tiempo y este lugar. Con estos amores y algunas soledades, talentos y limitaciones; con lo que tenemos, lo que perdimos, lo que nunca vamos a tener. Y de esta galera tendrá que salir nuestra magia.

Todo está por crearse, todo se está gestando en cada momento.

PRÁCTICA. Conectándonos con nuestra tierra

Hay que tener en cuenta que, para aprender un ejercicio, lo mejor es armar un escenario, aunque sea artificial; buscar un lugar tranquilo, alejado de posibles interrupciones; porque para poder atender a estímulos internos, necesitamos minimizar los datos que vienen de afuera. Para poder ponerlo en práctica en la vida cotidiana, tenemos que tener internalizado el mecanismo y la actitud.

Tengamos en cuenta que Mindfulness aspira a que el ser humano se inserte de la mejor manera posible en su propia vida. Los occidentales no estamos acostumbrados a sentarnos en el piso ni con las piernas cruzadas; hacerlo nos genera incomodidad. Por lo tanto, no vale la pena desperdiciar energía luchando con el exterior, las formas, porque lo verdadero está en otro lugar.

Si describimos la ansiedad como una energía que nos proyecta hacia arriba y hacia adelante, una práctica eficaz debería ir en sentido opuesto.

Te invito, para comenzar, a sentarte en una silla y sumergirte en algún ejercicio de respiración. El aire transporta energía, por lo tanto vas a dirigir tu atención a ese vaivén; a medida que aumenta tu concentración, se hará más profunda y estable. La respiración se irá profundizando cada vez más a su ritmo natural, sin que la fuerces. Cuando sientas que completó la parte más profunda de tus pulmones, vas a imaginar que, con cada inspiración, esa energía transportada por el aire saldrá de ellos hacia abajo atravesando el vientre. En cada impulso de inspiración profunda, la dirigirás hacia los muslos, las pantorrillas, los pies y te detendrás a tomar conciencia del peso de esa energía concentrada allí. Los pies seguramente se percibirán calientes y con cierto hormigueo. Luego, vas a imaginar que con otra inspiración profunda, esa energía saldrá por las plantas de los pies y se hundirá en la Madre Tierra. Esto dará estabilidad, sostén. Ahora, vas a llevar la atención hacia la parte alta de tu cabeza, la coronilla, e imaginar que una cuerda de energía luminosa, penetra por esa zona, atraviesa tu cuerpo, llega a los pies y se hunde en la tierra, acompañando con la intención de sentir la energía concentrada en esa fusión con la tierra, a este plano, a tu presencia aquí y ahora.

PRÁCTICA. La escena temida

Hay situaciones que generan ansiedad con solo pensarlas. La propuesta para este ejercicio es sentarse en un lugar cómodo con los ojos cerrados e imaginar la situación inquietante, vista por vos desde afuera.

Dotar a la escena de la mayor cantidad de detalles posibles. ¿El lugar es abierto o cerrado? ¿Tiene algún olor especial? ¿Hace frío o calor?

¿Quiénes están? ¿Qué actitud corporal tienen, qué mirada te trasmiten? ¿Dónde te ubicás? ¿Qué emociones te despierta esta situación? ¿Qué aspecto tenés? ¿Qué está pasando? ¿Cuál es el riesgo para vos?

Ahora, vas a sumergirte en este escenario e investigar las mismas cuestiones percibidas desde vos. Vas a forzar (si no apareció espontáneamente) la respiración, haciéndola más corta y alta, a la vez que irás contrayendo grupos musculares: puños, brazos, mandíbula, entrecejo, torso, cuello. ¿Resulta incómodo? Pues, detalles más, detalles menos, son los síntomas que aparecen sin ser invitados en un cuadro de ansiedad. Cuando lleves la tensión al máximo vas a empezar a relajar el cuerpo, a profundizar la respiración, a sentir que la energía baja y que aumenta la superficie de tu cuerpo que está apoyada. Es importante registrar el contacto con la tierra. Eso genera sensación de seguridad. Ahora, vas a imaginar que el escenario fue quedando sin paredes, sentís el aire fresco en la cara, te sentís invadido de calma y que esa serenidad se expande y envuelve a todos los que están en esa escena. La amenaza que se cernía sobre vos, se va disolviendo y empezás a sentir un creciente equilibrio de fuerzas. Verás que se puede oponer resistencia pacífica al desborde de emociones negativas que te asechaban. No hace falta luchar ni construir defensas. Lo que necesitás es darte cuenta de que las cosas son como son, que pasará lo que tenga que pasar, pero que no hace falta sufrir por anticipado.

La vida no es un paraíso, tampoco un infierno; es una instancia incómoda e incierta, y el desafío para el hombre es tener una vida amable y agradecida. Y puede lograrse estando en el presente, aceptando la vida como es y en esa incertidumbre, poder sonreír. No es fruto de una casualidad, es resultado de un compromiso profundo y una decisión consciente.

PRÁCTICA. Afrontando la incomodidad

Derrochamos a diario una cantidad importante de energía tratando de sacarnos de encima la incomodidad, como si la comodidad fuese el estado natural, y es exactamente al revés. Todo el tiempo estamos bombardeados por estímulos externos e internos; con esfuerzo recuperamos la calma y de inmediato aparece otro elemento que bautizamos como desestabilizador. El primer problema es ver un problema donde no lo hay. No hay un estado exacto que calma y un intruso que viene a romperla. La dinámica de la vida es la confluencia de múltiples elementos que coinciden en una persona en un momento dado, que se alternan, desaparecen o se intensifican.

Es fácil darse cuenta con una prueba sencilla: basta prestar atención a qué pasa en el lugar donde estamos, cómo se encuentra nuestro cuerpo, qué cuestión nos preocupa, qué tenemos pendiente para darnos cuenta de los estímulos que están golpeando nuestra puerta sin profundizar demasiado la búsqueda. Esa es nuestra vida hoy, en este corte del tiempo. ¿Qué podríamos hacer? ¿Freezar nuestra mente, nuestras emociones, para estar en paz y ponérnoslas dentro de un rato? Podríamos inventar esa situación; no es tan difícil, coincide exactamente con esos estados en los que "nos dejamos llevar y quedamos con la cabeza en blanco". Me atrevería a decir que ese es el momento en que nuestra vida queda en suspenso, no nos habita.

Para esta práctica es indistinto estar parados o sentados. Con los ojos abiertos y sin intención de sumergirnos en el interior, por el contario, estar donde estamos sin forzar las cosas. Vamos a hacer algunos movimientos, y la medida para cambiar de posición será cuando empecemos a registrar claramente cansancio. Levantar el brazo derecho lentamente, hasta dejarlo en posición vertical; cuando empecemos a cansarnos, bajarlo hasta dejarlo horizontal. Llevarlo nuevamente a la posición vertical. Levantar el brazo izquierdo hasta ponerlo vertical. Bajarlo hasta dejarlo horizontal. Volver a ponerlo vertical. Bajar el brazo derecho y dejarlo al costado del cuerpo. Bajar el izquierdo. Subir ambos a la posición vertical y esperar... Eso es la vida, una sucesión de movimientos que nos incomodan, interrupciones, descansos. Podemos transitarla tratando de volver al momento en que nuestros brazos estaban al costado del cuerpo y convertir los otros minutos, horas o meses, en una incomodidad que deseamos desesperadamente resolver. También podemos inaugurar otra manera de percibir: considerar la sucesión de movimientos como un todo continuo, donde placer y displacer se funden en una unidad, donde por momentos queda a la vista una de las partes y en otro momento, la otra, pero sabiendo que tanto la que está a la luz como la que está en sombras son de la misma sustancia.

Si podemos ir instalando esa percepción, empezaremos a dejar de esperar un futuro que traiga lo que esperamos, alegrándonos si eso sucede o inundándonos de frustración si no lo hace. Despreciar el presente, suponiendo que la vida va a ser ese maravilloso momento donde no habrá sobresaltos es limitar el universo al tamaño de mi ombligo.

La atención plena nos abrirá las puertas a una conciencia ampliada, que puede sentirse una con el universo. La vida incluye todo lo que late, que vibra en este cosmos misterioso en el que habitamos.

La vida no es mi pequeña y efímera vida personal, es un eslabón en la cadena vital que conecta a todo lo que existe en el universo. El aislamiento nos hace vulnerables, la fusión nos hace eternos.

> *Nuestra lealtad es para las especies y el planeta. Nuestra obligación de sobrevivir no es solo para nosotros mismos, sino para este Cosmos, antiguo y vasto del cual derivamos.*
>
> Carl Sagan

CAPÍTULO III

MINDFULNESS Y MENTE

Mente ¿prisión o instrumento creativo?

La mente es una organización, una estructura en funcionamiento. Como capacidad de almacenamiento, es un archivo de límites inimaginables; todo, absolutamente todo aquello con lo que estuvimos en contacto alguna vez está guardado. Pero toda esta memoria es memoria viva. La mayoría de las cosas no las recordamos como algo del mundo externo que en algún momento incorporamos, ya que el recuerdo aparece como algo entramado con nuestro yo. Al contacto con alguna información, el conocimiento se internaliza y aparece en cualquier situación como algo propio, que de hecho así es: lo "cocinamos" en nuestro propio caldero, combinándolo con otros elementos y reaparece inidentificable como algo ajeno; ya se convirtió en un producto nuestro. De esta manera se van conformando los patrones culturales, por incorporación, aprehensión y asimilación. Es así como podemos afirmar rotundamente que algo se "hace así" o lo contrario. Cuando decimos que "algo no tiene sentido" es porque no encaja en nuestro diccionario de conocimientos y no lo podemos reconocer. No tiene sentido para nosotros.

Con el correr de los años, el resultado de la interrelación con el mundo nos erige en fieles representantes de nuestra cultura. De este modo nos convertimos en ideólogos, ejecutores, legisladores, jueces y voceros de la porción del Universo del que formamos parte. Esta gigantesca cola de pavo real que sentimos nos respalda cuando damos una opinión, suele ser la cárcel que nos deja ajenos a lo nuevo. No podemos verlo, aunque lo tengamos pegado en la punta de la nariz. Y así circulamos, como el pavo, muy orondos, luciendo nuestros atributos. ¿Viste la cara de aburrido de un pavo real? ¿La incomodidad con que traslada tan pesado miriñaque? De la misma manera podemos vernos a nosotros, los seres humanos, levantando una cabeza/argumento y mirando de reojo hacia atrás, al arsenal de conocimientos que avalan, prueban y certifican nuestro decir. O sea, nuestro decir está avalado por el sacrosanto acervo cultural. ¿Por cuánto tiempo más o cuántas veces más seguiremos siendo emisarios del pasado?

El pasado aparece con sus cartas de presentación: hábitos, prejuicios, saberes, mandamientos, códigos de leyes, pero difícilmente tendremos un buen/nuevo resultado bordando sobre lo viejo, porque eso "supuestamente nuevo" va a estar impregnado de voces del pasado.

Cada vez que ante un nuevo desarrollo decimos "ya sé" estamos bloqueando la posibilidad de que algo nuevo realmente acontezca. Ese "ya sé" nos confina a la minúscula seguridad de nuestras limitaciones.

El cerebro tiende a la entropía, es decir, al ahorro de la energía. Este mecanismo atávico era imprescindible para preservar la especie, para estar atentos a la aparición de algún peligro: atacar o huir. Vamos viendo, a través de estos mecanismos, que nuestros antepasados están ahí cerquita, rozándonos la nuca. Reflexionando sobre este concepto, se comprende por qué es imprescindible deponer las armas. Nuestro camino de evolución ha de estar jalonado de actitudes más contemplativas y menos reactivas. El estado de "en guardia" nos acerca a nuestros antepasados, con un vínculo con su entorno articulado desde emociones primarias.

Lo desconocido incomoda. Por eso el silencio nos inquieta y de inmediato necesitamos taparlo con algo que lo llene. En lo externo, será el televisor, la radio o la computadora eternamente prendida, como un acompañante contrafóbico que nos alivia de la ansiedad que la soledad provoca. Y puertas adentro de la mente, apenas aparece, lo atravesamos con pensamientos, recuerdos y fantasías, creando un caos que enturbia nuestro entendimiento.

Creemos que el ruido nos cuida de enfrentarnos con el vacío y su secreto. Y en realidad ese ruido nos aleja cada vez más de nuestro yo profundo, sin duda, el mejor lugar para habitar.

Así trabaja nuestra mente, y aceptarlo nos va a ahorrar muchos tironeos internos cuyo único saldo será dejarnos agotados. El combate mental puede no tener fin.

Nuestra mente occidental es "mecanicista". Divide al mundo que percibimos en cosas separadas y a nosotros mismos en egos individuales. Esta mirada es una ficción promovida por nuestra mente analítica y clasificadora. En cambio, la mirada oriental es "orgánica", percibe la realidad como un todo viviente, superando la noción ilusoria de separación.

En el budismo, a esta situación se la llama *avidya* o ignorancia.

Este texto de D. T. Susuki, filósofo japonés reconocido como uno de los promotores del zen en Occidente, es apropiado para el esclarecer el tema: *Cuando la mente está confusa se produce la multiplicidad de las cosas; sin embargo, cuando la mente está tranquila, desaparece la multiplicidad de las cosas.*

El misticismo oriental resalta la unidad básica del Universo. La meta más elevada es llegar a ser conscientes de la interrelación mutua de las cosas, trascendiendo la idea de individuo aislado. La aparición de esta conciencia es la iluminación y es una experiencia transformadora que abarca la totalidad del individuo.

Al respecto, William James, filósofo y psicólogo estadounidense con una larga y brillante carrera en Harvard, postula al respecto: *Nuestra conciencia normal de vigilia, que nosotros llamamos racional, no es más que un tipo especial de conciencia y, a su alrededor, separadas de ella por la más transparente de las películas, existen formas potenciales de conciencia totalmente diferentes.*

Mindfulness es una propuesta acorde a una existencia que aspira a vivir una vida plena, actualizada a cada instante, que reubica el pasado y el futuro en el lugar que les corresponde. Aquí y ahora es más que una frase inspirada, es el estado de una mente que contempla la realidad última.

El conocimiento solo puede darse en esa bisagra que se abre entre dos pensamientos; solo en el silencio podremos conocer quiénes somos, dejando de lado quién queremos ser o quién creemos ser. Una vida plena requiere de un contexto de autoconocimiento. Krishnamurti habla de la verdad que surge en ese espacio, en ese silencio entre un pensamiento y otro, en su libro *La libertad primera y última*.

Los místicos orientales coinciden en que la realidad última nunca podrá ser objeto de razonamiento. Está más allá de los sentidos y las palabras.

Lao Tsé, que llama a esta realidad el Tao, afirma lo mismo en el inicio del Tao Te King: *el Tao que puede ser expresado no es el Tao verdadero.*

CAMINOS DE CONOCIMIENTO

Básicamente hay dos modos de conocer: el racional y el intuitivo. Nuestro ser occidental tiende a denostar la intuición como forma válida de conocimiento. Eligiendo el camino racional vamos a acceder solamente a los resultados que nuestro cerebro puede obtener usando un mapa de ruta viejo, que cargamos en la mochila; vamos a ajustar nuestra mirada a una visión de túnel, dejando de lado los exquisitos campos de exploración vecinos. La intuición agrega un plus de saber, el que se puede adquirir por caminos no tradicionales, desde la captación directa con lo nuevo, la iluminación, el *insight*.

Los estudiosos de la Teoría de la Investigación aseguran que el resultado de una investigación está limitado de antemano por el norte con el que un investigador orienta su búsqueda: su objetivo prefijado.

De este modo se pierde una cantidad de hallazgos que podrían ser "vistos" desde una mente calma, sin preconceptos.

Alexander Fleming descubrió la penicilina *porque pudo ver.* En un momento de claridad pudo darse cuenta de que ciertos hongos que mataban sus preparados con bacterias eran justamente eso ¡unos hongos que arrasaban sus bacterias!: los antibióticos. Pero hasta que pudo verlos, eran solo un fastidio para su investigación.

Serendipia es una palabra que designa aquel descubrimiento que se adquiere en el camino de intentar encontrar otro resultado. Gozamos de los beneficios de la penicilina porque hubo quien pudo atender a lo que aparecía ante sus ojos.

PRÁCTICA. Obligando a nuestro cerebro a ser libre. (Apenas una paradoja)

¿Cuál es tu actitud ante algún problema que requiere de una solución?

El primer paso es aprender a liberar la mente dejando fluir lo que aparezca.

Lápiz y papel en mano, pensá en algo que quieras resolver. Anotá todas las ideas que aparezcan sin censurarlas, escribí diez opciones.

Ahora, a otro problema, anotá veinte soluciones posibles.

Buscá otro cuestionamiento y escribí… cuarenta.

Será un fastidio, querrás dejarlo para después, convencerte de tu falta de imaginación.

¡Este es el momento de escribirlas! Nadie te mira ni te evalúa ni te sentencia. Vuelvo a la idea de hacer las cosas como un niño: con seriedad, comprometido con la historia y sus personajes. La idea del ridículo la vamos adquiriendo con los años. Pagamos un alto precio por la educación; perdemos espontaneidad, riesgo, libertad, frescura.

Hacer las cosas "como un niño" implica otra característica: toda la seriedad y apego que tienen los niños en un juego desaparece rápidamente ante la inmediata oferta de helados. El nuevo cuestionamiento será elegir chocolate o frutilla, pero nadie llevará a la rastra la problemática del juego anterior. Ya pasó. En cambio, un adulto que juegue al tenis el domingo, se lamentará el lunes de haber perdido dos match point, y probablemente lo cuente más de una vez… y lo recuerde en el próximo partido. De esta manera se eterniza el pasado.

Cada vez que repasamos nuestros recuerdos estamos cerrando los ojos al momento actual.

Hay que escribir las ideas. Con las últimas, las más lanzadas, ridículas o irrealizables, estarás ejercitando la capacidad creativa de tu mente.

Un cuento oriental grafica este comentario:

> Dos monjes atravesaban el desierto caminando en silencio; tal la regla de su religión. Al llegar a un río, se les acercó una mujer llorando desconsoladamente. Le habían avisado que su madre agonizaba en un pueblo de la otra orilla y ella no sabía nadar.
>
> Los monjes la miraron sin decir palabra. Por fin, uno le hizo seña, indicándole que se sentara sobre sus hombros y así cruzaron el río. La mujer agradeció conmovida a estos hombres santos y corrió hacia su destino. Los monjes siguieron su camino, encerrados en un mutismo absoluto.
>
> Luego de unas horas, el que no había cargado a la mujer dijo:
>
> —¿Por qué?
>
> —¿Por qué, qué? —respondió el otro.
>
> —¿Por qué lo hiciste?

—¿Por qué hice qué?

—¿Por qué tuviste contacto con el cuerpo de esa mujer, sabiendo que lo tenemos expresamente prohibido?

Sin inmutarse, el otro respondió:

—Yo la cargué unos minutos pero tú la llevas cargando varias horas.

SOMOS NUESTRO CEREBRO

No hay actividad del cerebro que gaste más energía que explorar caminos nuevos. Nuestra resistencia a andarlos la venceremos con la convicción de estar construyendo nuevos circuitos. ¡Nos estamos haciendo más inteligentes! Estaremos incentivando nuestras capacidades cognitivas y preservando las que ya tenemos. A través de los años podemos conservar la memoria, el lenguaje, la capacidad de reflexión, de asociación, las habilidades fácticas, la comprensión. ¡Hay que aprender a aprender! El deterioro no tiene por qué estar al final del camino.

Y si nos toca enseñar, aprendamos a enseñar y enseñemos a aprender.

¿Qué es la *neuroplasticidad*? El cerebro es flexible, desde el nacimiento hasta el último día tiene la posibilidad de aprender. Pero, si nuestra producción se limita a reciclar el pasado, esta cualidad no se desarrolla y quedamos confinados al reducido ámbito de lo viejo. Einstein decía que no debíamos asombrarnos de obtener un viejo resultado ante un nuevo problema si aplicábamos la misma fórmula para resolverlo.

En su libro *Ágil mente*, Estanislao Bachrach, entre tantas cosas explicadas de manera clara y entretenida, dice: *No estamos biológicamente destinados a ser menos creativos con la edad. Tu juventud te hace más inocente e ignorante, lo cual te permite aceptar ideas más radicales. Si seguís encontrando nuevos desafíos, entonces vas a seguir pensando como un joven aunque tengas el pelo gris.*

Bachrach hace fácil lo complejo, explica que cada vez hay más estudios que confirman que el aprendizaje se facilita si el "alboroto" afectivo está presente. Si las emociones suenan a toda orquesta, lo nuevo se incorpora como aprendizaje. Esto significa que en el cerebro se establecen nuevas conexiones neuronales y se va modificando la estructura. Estos cambios trascienden lo subjetivo y momentáneo. Como el cerebro se modifica físicamente, el área de influencia del cambio es más amplia. Como el aprendizaje es holístico, involucra lo personal y lo vincular. La trama contextual se hará más rica.

PRÁCTICA. Llevemos al cerebro a entrenar

Construí una frase en la cual las palabras comiencen con las mismas letras. Por ejemplo, con C: "Cultivé cucarachas corcoveantes". Ahora escribí cuantas frases se te ocurran empezando con las mismas tres letras. ¡A divertirse! Cuando no se te ocurra ninguna frase más, tomá otras letras. También se puede utilizar como un entretenido juego grupal.

Otro ejercicio: inventar frases cuyas palabras se escriban con la misma letra inicial, por ejemplo: LCEO.

"Lucía cepillaba el orizonte".

Pero horizonte va con "h".

No importa en este caso. Acabo de inventar un "horizonte" que empieza con "o".

Seguí el mismo esquema anterior. Cuando agotes esa combinación de letras, tomá otras. Pero no abandones rápido, en la insistencia ante lo que resulta difícil se abren esos ansiados nuevos caminos. Cuando el cerebro dice "hasta acá" hay que forzarlo a ir más allá.

Bachrach nos regala unas máximas para respetar cuando estemos generando ideas:

» No te juzgues. Dejá fluir tus ideas, sé flexible.

» No hagas comentarios. Cualquier señalamiento negativo o crítico cambiará tu humor y eso afectará tu potencial creativo.

» No edites. Editar es un trabajo que realiza tu hemisferio izquierdo del cerebro, que no invita a la generación de ideas.

» No ejecutes. Se te ocurre una idea y al instante, otra parte de tu cerebro ya está distraída pensando cómo implementarla.

» No te preocupes. El miedo es un gran bloqueador de la creatividad.

» No mires hacia atrás. Evita decirte "esa idea ya la probé hace dos años y no funcionó".

» No pierdas el foco. Es fácil empezar a perder energía y foco en lo que estamos haciendo.

Si pensamos estas máximas a la luz de Mindfulness veremos que el camino para desplegar el potencial creativo de la mente es generar espacio mental para que esto acontezca: atención, observación en el vacío del aquí y ahora.

Y hablando de "nuestro cerebro", este es, al decir de Facundo Manes (neurólogo argentino de primera línea), un órgano social que se modifica en la interacción. Todo el tiempo modificamos y somos modificados. Cada uno de nosotros forma con su entorno un entramado, un todo dinámico, cambiante e indisoluble. Manes afirma que hace años se sostenía que el 50% de nuestro bienestar respondía a la herencia genética, pero los últimos estudios afirman que lo heredado correspondería aproximadamente a un 30%, por lo tanto el 70% restante se construye según lo que hagamos nosotros mismos.

¿PUEDO HACER ALGO PARA SER MÁS FELIZ?

El cerebro es un órgano social. Esto es lo que dice el Dr. Facundo Manes. El cerebro es el órgano más complejo que existe y se supone que la capacidad que poseemos para construir una sociedad compleja como la que tenemos fue clave en la evolución para desarrollarlo. Este órgano social necesita vínculos afectivos profundos y otros cotidianos; es fundamental darse tiempo para conversar con el señor del kiosco o tomar un café con un vecino. Los "amigos" de las redes sociales no cuentan, es la presencia del otro lo que nos estimula. En el contacto cara a cara, en el mirarse a los ojos se liberan mensajeros químicos ligados a la confianza, como la oxitocina, o ligados al placer, como la dopamina.

1. Tener un propósito en la vida. Otra cosa que da bienestar es tener objetivos, algo que nos haga sentir que estamos acá para algo.

2. Concentrarnos en el presente. Los seres humanos nos diferenciamos de otras especies en que podemos imaginar situaciones futuras o repasar historias pasadas. Un cerebro atento es más productivo y más feliz.

3. El estado de flow. Si estoy haciendo una tarea y en un momento mi mente deja de vagar, me concentro y disfruto, aumenta el bienestar.

Este estado *flow* es subjetivo, refiere a involucrarse en algo tan profundamente que se olvida el tiempo y la fatiga. Las acciones, pensamientos y emociones fluyen sin pausa.

4. El altruismo. Pensar en el otro nos da felicidad.

5. El dinero. Es difícil medir cuánta felicidad nos da el dinero, aunque se sabe que cuando están satisfechas las necesidades básicas, el dinero no impacta en gran medida como generador de bienestar. En los grupos más pobres sí lo hace, pero después de cierto nivel, la acumulación deja de influir.

6. La edad. Los estudios indican que hasta la segunda década o un poco más, independientemente del lugar donde se viva, se tiende a ser feliz. *Entre los veinticinco y sesenta años, el estrés producto de los* compromisos familiares, laborales, económicos y frentes que se abren a cada paso, suelen tener un impacto negativo sobre el bienestar. Pasado los sesenta, donde la exigencia disminuye, volvería a levantarse la curva de la felicidad.

Si bien estos resultados se observaban solo en la práctica, hoy los estudios del cerebro lo demuestran científicamente.

Quizá la manera de medir la libertad del hombre contemporáneo sea pesando el tiempo libre del que dispone.

PRÁCTICA. Tu bienestar

¿Cómo sería nuestra vida si tomáramos conciencia de lo anteriormente descrito?

¿Podrías definir una cuestión que en este momento te aqueje?

¿Podrías hacer una descripción de las variables en juego?

¿Cuál sería el mejor contexto para su resolución?

¿Cuál sería la solución posible?

Confeccioná una lista de las cosas que se podrían hacer para lograr mayor bienestar.

¿Cómo se podrían mover las piezas que no están a tu alcance?

Inventá el modo aunque te parezca absurdo o imposible.

¿Escuchaste alguna vez la frase "lo imposible solo tarda un poco más"?

LAS NEURONAS ESPEJO

En este continuo construir y romper de nuestras estructuras (aun físicas) juegan un papel importante las llamadas *neuronas espejo*.

Existen en el cerebro cierta clase de neuronas que funcionan en "espejo", es decir, si una persona realiza determinada acción frente a otra, en la segunda se activan esas neuronas tal como si ella misma estuviese realizando esa acción.

Estas neuronas fueron descubiertas por un grupo de investigadores que estaban realizando unas pruebas con macacos. Poniendo unos electrodos en la cabeza de un mono, un investigador realizó un movimiento. El equipo mostró que en el animal se había activado una zona del cerebro correspondiente a esa acción, pero el macaco no se había movido. Repitieron la prueba suponiendo un error técnico y el EEG arrojó el mismo resultado. El cerebro del animal respondía como si efectivamente estuviese realizando la misma acción que el investigador.

Tanto a nivel individual como social, es muy interesante el llamado "efecto centésimo mono", este es parte de una investigación que hicieron unos japoneses, en el año 1950, con macacos. Los resultados probaban que es suficiente que cien individuos adopten una conducta para que esta se propague por toda la sociedad. Con esto podría explicarse el concepto de "masa crítica", que refiere al número de individuos necesarios para hacer que se produzca algún fenómeno colectivo dentro de la comunidad.

La investigación de los japoneses en 1950 en la isla de Koshima estaba orientada a saber si era posible influenciar de algún modo la capacidad de aprendizaje de los monos. Para esto, les ofrecieron batatas cubiertas con tierra, que los monos despreciaban porque estaban sucias. Tiempo después, una mona joven que tuvo la batata en la mano durante varias horas, la lavó en el mar. Al verla limpia, la comió y le gustó. Le enseñó a sus hijos y a otros monos a lavarlas. Los individuos jóvenes incorporaron la enseñanza, pero los mayores la descartaron. Cuando cien monos aprendieron a lavar las batatas, sucedió algo llamativo, de ahí en adelante, todos los monos empezaron a lavar las batatas, incluso sin que otro le hubiese enseñado a hacerlo.

A este fenómeno se le dio el nombre de "efecto centésimo mono". Según este, cuando en una sociedad hay cien individuos de una comunidad que hacen algo, se produce una especie de efecto dominó, que lleva a que una sociedad en su conjunto repita esta conducta.

Lo más sorprendente sucedió cuando, en poco tiempo, los macacos de islas vecinas también empezaron a lavar las batatas.

Hay un hecho más interesante todavía: diez años más tarde, una investigadora escéptica decidió buscar por sí misma los orígenes de este estudio. Nada encontró sobre el experimento que lo validara, salvo un proceso habitual de circulación de conocimiento. Sin embargo, la historia de las batatas y los monos ha sido replicada cientos de veces, con distintos matices. Deepak Chopra la reprodujo cambiando las batatas por manzanas.

Yo misma escuché, hace muchos años, esta historia en un posgrado, en la cual las batatas habrían estado manchadas de petróleo por el derrame de un barco. Se utilizaba el ejemplo refiriendo al inconsciente colectivo. Y también para explicar por qué, cuando determinado grupos de científicos está detrás de una meta, en distintos países y con los avances de su investigación bien guardados, los resultados salen a la luz prácticamente al mismo tiempo. Ciertos vientos paranoides sospechaban de infiltrados, pero hace tiempo ya que se llegó a la conclusión de que los cerebros se interconectan. No estamos solos, todos tocamos en la misma orquesta y somos igualmente responsables de la impecabilidad del concierto.

La historia verdadera/falsa de los monos es un ejemplo de la llamada "posverdad": los datos objetivos tienen menos importancia que las opiniones y emociones que suscita.

Pasaron muchos años hasta que encontré, casi por casualidad, el relato de la falsedad de la información. Pero amo contarla para explicar que estamos siempre dispuestos a replicar hechos amables, porque se produce una retroalimentación positiva. Como el ejemplo de la ratita en el laboratorio. Nos hace bien lo que a los demás les hace bien y entre ida y vuelta, a todos nos hace bien. La experiencia me demostró que aunque yo contara a posteriori de la historia de los monos, la demostración del embuste, los que escuchaban, la descartaban de inmediato. ¿Por qué? me pregunté tantas veces. Mi mejor explicación es que la imagen interna de un macaco y su familia lavando apaciblemente una batata y comiéndola con gusto, era más placentera que una investigadora denunciando una trampa. El cerebro cree lo que ve; la escena de la isla estaba grabada a fuego por la cantidad de emociones que había despertado cuando la escucharon.

Las neuronas espejo tienen un papel fundamental en la imitación y la empatía (la capacidad de ponerse en lugar del otro) o sea, las capacidades cognitivas relacionadas a lo social. Esto llevaría a confirmar el concepto de la humanidad como una trama, donde la separación es solo una ficción circunstancial. La amorosa responsabilidad sobre el cuidado de los otros a partir de nuestros pensamientos, palabras y acciones es insoslayable.

> *Cualquier camino es solo un camino y no es vergonzoso,*
> *ni para uno ni para los demás, puedes abandonarlo si así*
> *lo dicta tu corazón. Observa detalladamente cada uno de*
> *los caminos. Ponlos a prueba tantas veces como creas*
> *necesario. Luego pregúntate a ti mismo, y solo a ti mis-*
> *mo, ¿tiene corazón este camino? Si lo tiene, el camino*
> *es bueno; si no lo tiene, no sirve para nada.*
> *Las enseñanzas de Don Juan.* Carlos Castaneda.

En los cimientos de un profundo humanismo radica el concepto de no dañar ni con el pensamiento ni la palabra ni los actos.

El descubrimiento de las neuronas espejo da por tierra la idea de "yo lo pienso, pero con esto no le hago mal a nadie". Pensamiento, palabra y acción son diferentes manifestaciones de nuestro interior, pero no hay nada que pueda esconderse. Todo lo que somos está expuesto, somos transparentes, aunque nos resulte difícil creerlo. Y no hay hechos neutros, todo tiene una consecuencia. Desde esta perspectiva es interesante pensar cuál es la escenografía en la cual elegimos desplegar nuestra vida, cuáles las actividades, cuáles las personas. Seamos conscientes del continuo y profundo intercambio con el mundo, de nuestra implicancia en todo lo que "nos" pasa y lo que "les" pasa a los demás.

> *La física moderna nos muestra que los objetos materiales*
> *no son entidades diferenciadas, sino que estás insepa-*
> *rablemente ligadas a su entorno y sus propiedades solo*
> *pueden entenderse en función de su interacción con el*
> *resto del universo. Según Match, físico y filósofo, esta*

interacción se extiende hasta las distantes estrellas y galaxias. La unidad básica del universo se manifiesta así, no solo en el mundo de lo muy pequeño (subatómico) sino también en el mundo de lo muy grande (macroscópico), hecho cada vez más reconocido por la astrofísica y la cosmología moderna.

El Tao de la Física. Fritjot Capra

Hay muchos cuentos de derviches, caminantes persas buscadores de la iluminación, plagados de enseñanzas. Este es uno de ellos:

SOY TÚ
Un peregrino golpeaba la puerta de un templo.
—¿Quién es?
—Soy yo —respondía el hombre ante una puerta implacablemente cerrada.
Golpeó nuevamente.
—¿Quién es?
—Soy yo —insistía el peregrino en inútil busca de cobijo.
Volvió a golpear.
—¿Quién es?
—Soy tú —respondió el hombre.
Y la puerta se abrió.

A esta altura te habrás preguntado varias veces lo que a mí me han cuestionado por lo menos cien: "Entonces no hay solución. Estamos, como en la película, *Atrapados sin salida.* Tengo que observar mis procesos internos tal como aparecen, no debo censurarlos ni disfrazarlos, tengo que aceptar que siento celos, envidia o cualquier rasgo oscuro. Y ahora me vengo a enterar de que todo lo que haga, piensa o sienta influye en los otros. O sea, que están condenados a mí.

Y yo contesto: "Sí". O no, según lo que cada uno haga con sus descubrimientos. Mientras los aspectos negativos permanecen inconscientes, operan como en las películas donde la chica escapa del asesino, corriendo por la calle, y cuando entra en su casa, este está escondido detrás de la cortina de la ducha. Uno se pregunta cómo llegó allí. ¿Atravesando paredes? Algo así sucede con nuestras emociones o pensamientos negativos, actúan de manera incontrolable, perforando límites. Pero hoy las neurociencias traen muy buenas noticias, explicando el efecto de Mindfulness sobre el cerebro. La respuesta es que esos personajes internos tan indeseables se irán educando y se integrarán como parte no disociada de la personalidad.

Mindfulness, al calmar la mente y equilibrar las emociones, permite abrir las puertas del autoconocimiento. *Conócete a ti mismo y la verdad te hará libre*, reza el oráculo de Delfos.

La dimensión consciente de la vida, en pensamientos, palabras y acciones es lo que nos hace fundamentalmente humanos. Interceptar las respuestas instintivas, la ley de la selva, el poder del más fuerte, para tamizarlo por la percepción de un otro idéntico a mí mismo es un triunfo de la evolución.

Ser fuertes sin ser rígidos, ser amables sin ser obsecuentes, ser sinceros sin ser agresivos, ser condescendientes sin renunciar a los propios principios… eso es SER humanos. ¿Cómo ser uno mismo sin ser *en* los otros?

> *Nadie es una isla; completo en sí mismo, cada hombre es un pedazo de continente, una parte de la tierra; si el mar se lleva una porción de tierra, toda Europa queda disminuida, como si fuera un promontorio, o la casa de uno de tus amigos, o la tuya propia.*
>
> *La muerte de cualquier hombre me disminuye porque estoy ligado a la humanidad; por consiguiente nunca hagas preguntar por quién doblan las campanas; doblan por ti.*
>
> *¿POR QUIÉN DOBLAN LAS CAMPANAS?*
> John Donne. Poeta místico, 1624

CAPÍTULO III

MINDFULNESS Y NEUROCIENCIAS

¿Cuántas veces quedamos desorientados ante alguna explosión incomprensible de ira fuera de contexto, que estalla como una orquesta desafinada dejando perplejo al auditorio? ¿Cuántas veces nos hemos sorprendido a nosotros mismos no pudiendo reprimir una respuesta impulsiva? ¿Alguna vez te sorprendiste echándote a llorar sin poder reprimirlo? ¿O levantando el tono de voz en varios decibles o teniendo cualquier reacción destemplada tal como cortar el teléfono o dar un portazo? ¿De pronto sentiste una oleada de ansiedad que te obligó a abrir una ventana para tomar aire fresco o abandonar intempestivamente algún lugar atestado de gente? ¿El miedo te paralizó en alguna circunstancia, se "te heló la sangre" o "te estalló el corazón"?

Eso es la emoción. Una fuerza que brota desde lugares inaccesibles a la razón e impregna la totalidad del individuo. Nada queda afuera. La energía proveniente del universo afectivo se apodera de nosotros, posee al protagonista.

Las emociones tienen la capacidad de invadirnos e impulsarnos a la acción. Pero cuando la reacción no condice con lo que normalmente haríamos es cuando decimos "no sé lo que me pasó", como quien habla de sí mismo como de un extraño. Probablemente, una persona con cierta sensibilidad social se sienta avergonzada y con pudor de reencontrase con las personas que presenciaron la escena.

Es por eso que hablamos del *desajuste social de una emocionalidad inmanejable.*

En una situación como cualquiera de las relatadas, el actor, pasada la reacción, va a tener que adoptar una actitud para enfrentar "el después", disculparse, buscar un argumento que justifique la reacción, huir o dar salida a otra emoción, por ejemplo enojarse en primer término, y a posteriori llorar. ¿Por qué? Porque la conducta reactiva desestabiliza a la persona en todas las dimensiones de manifestación de su energía, cuerpo, mente y afectividad, además de los planos más sutiles.

¿Por qué después de la reacción aparecen la vergüenza, el pudor y los intentos de explicar? Porque empieza a actuar otra instancia del cerebro que observa el desborde y dice "¿qué hiciste', ¡qué papelón!, ¡¿y ahora cómo vas a arreglar esto?!". Y entonces, nuestro recientemente indómito protagonista pasa a ser objeto de reprimendas, autocensura y fuertes críticas de su juez interno, que tampoco comprende qué pasó.

Pero, ¿qué pasó? Hagamos una recorrida:

LA EVOLUCIÓN DEL CEREBRO

Los primeros organismos pluricelulares aparecieron en la tierra hace 650 millones de años. A medida que los animales evolucionaron, también lo hicieron sus células montando la "casa matriz" en el cerebro, tal como lo explica claramente Estanislao Bachrach en *Ágil mente*. Todos tenemos tres cerebros conviviendo dentro de nosotros. De una manera sencilla, explica este autor, podríamos decir que primero fuimos reptiles, luego mamíferos y más tarde primates. Esto es lo que se llama cerebro triuno: lagartija-ardilla-mono. Podemos pensarlo como una construcción edilicia, primero van los cimientos (lagartija), luego las paredes (ardilla) y por último el techo (mono).

La parte más antigua del cerebro, lagartija o cerebro reptiliano, tiene aproximadamente 500 millones de años de evolución y regula todo los controles centrales: respiración, sueño, despertar, ritmo cardíaco.

La ardilla o cerebro límbico tiene aproximadamente 200 millones de años y es el centro de nuestras emociones.

No-me-digas-que-esto-es-aburrido. Un poco de paciencia, esta explicación es fundamental para entender el cambio que producen las prácticas propuestas.

La *amígdala* es un conjunto de neuronas profundamente relacionadas, que da lugar a una estructura diferenciable a nivel anatómico. Es común a todos los vertebrados complejos, no solo a los humanos. La amígdala controla las emociones más primitivas, es decir, todas aquellas que no son exclusivamente de las personas, sino que son imprescindibles para que cualquier animal sobreviva en un mundo lleno de peligros. Funciona como un "comando central" de las emociones primarias: miedo, tristeza, ira, alegría, sorpresa y asco (Ekman, Goleman son los popes de esta clasificación, otros autores tienen mínimas diferencias).

Es muy importante conocer la función de la amígdala para comprender (y sorprendernos) con la acción de la meditación sobre este caldero emocional.

El *hipocampo* es una estructura que se ubica en el interior del lóbulo temporal y convierte la memoria de corto plazo en memoria de largo plazo.

El *tálamo* funciona como una torre de control de los sentidos. Es una estación intermedia para la información sensitiva que, procedente de la médula espinal, se dirige a la corteza cerebral.

El *córtex* está por encima de estos, es el mono, que tiene apenas 100 mil años de evolución, y un espesor de milímetros; ni siquiera recubre todo el cerebro... todavía.

El córtex está especializado en la visión, el habla, la memoria y las funciones ejecutivas.

El córtex prefrontal, que recubre el lóbulo frontal, se vincula a la personalidad y las funciones más evolucionadas: conceptos de ética, normas, pensamiento simbólico, noción de trascendencia, interacción social, planificación, toma de decisiones. Esto es lo que nos hace humanos.

El complejo mundo que hemos creado se debe al entramado social que construimos. Cada vez que tomamos una decisión, cosa que hacemos todo el tiempo, el impulso que lo mueve es emocional. El lóbulo frontal regula esa emoción para transformar esa respuesta impulsiva en una más elaborada. En las personas que tienen alguna patología del lóbulo frontal, aparece la llamada "miopía del futuro" (Facundo Manes). La persona responde impulsivamente ante el estímulo sin medir consecuencias a largo plazo. Esto sucede en las adicciones, el juego patológico, la obesidad. Ante el estímulo, desaparece todo lo que la persona puede haber razonado al respecto; el impulso puede más. Entre el deseo y el objeto deseado nada puede operar como obstáculo. La frustración de los allegados de un adicto a lo que fuere es proporcional a la ilusión con la que recubrieron sus promesas. Aparece entonces sobre la persona que padece esta patología, la sombra de "siempre miente", "otra vez", "ya me lo imaginaba", "no puedo volver a confiar". Y en realidad tienen razón: no se *debe* volver a confiar, porque la voluntad de un adicto está resquebrajada. Si hablamos de una enfermedad donde hay un gran compromiso biológico y psicológico, la intención de quien lo sufre no tiene nada que ver con la posibilidad de resolver el problema. Casi podría decirse que es de otro orden. Un enfermo no puede estar a cargo de su curación, porque en este caso, no tiene con qué.

Una persona con lesiones en algún área del cerebro puede tener déficits, pero sigue siendo la misma. Alguien con Alzheimer pierde la memoria, pero es la misma persona. Quienes tienen alguna patología del lóbulo frontal cambian su personalidad, ya no vuelven a ser las mismas.

Con la evolución, el cerebro se dividió en dos hemisferios, izquierdo y derecho, conectados por el cuerpo calloso. Hasta poco tiempo atrás se creía que cada hemisferio tenía funciones muy diferenciadas, pero ese concepto cambió. Diferentes zonas del cerebro interactúan a la par, porque muchas neuronas y conexiones neuronales se encuentran de manera similar en ambos hemisferios. También se demostró que si alguna zona del cerebro se daña, otra puede asumir su función. Con el curso de la evolución, el hemisferio derecho se especializó en lo visual y el procesamiento holístico y el izquierdo en lo lingüístico y secuencial.

Imaginemos por un momento un circuito luminoso donde se producen un millón de conexiones a una velocidad indescriptible… y segundos después el circuito cambia de conformación. ¿Será algo así?

El cerebro sigue siendo un misterio.

¿Razón o Intuición? O ¿Razón + Intuición?

Fritjof Capra, en *El Tao de la física* dice que el conocimiento racional conforma la mayor parte de la investigación científica pero no toda. Esta parte de la investigación sería inútil si no estuviera complementada con la intuición, que es la que da nuevas ideas y hace más creativos a los investigadores. Estas ideas tienden a llegar de manera repentina, mientras están relajados, haciendo tareas recreativas, paseando, etc. Luego de una actividad intelectual intensa, en momentos de relax, la mente intuitiva se apodera de todo y de manera repentina aporta ideas esclarecedoras, que tanto bien hacen a la investigación.

Durante muchísimo tiempo creímos ser *seres racionales que sentimos*. Hoy se puede afirmar que somos *seres emocionales que pensamos*. La emoción comanda las acciones. La mayor parte de nuestras decisiones están impulsadas por la emoción, sean estas provenientes del pasado o nuevas. Es más, a veces, mediante procesos racionales construimos un argumento para justificar decisiones que ya habíamos tomado (emocionalmente), aun antes de ser conscientes.

Esta explicación da respuesta a las preguntas con que comenzó este texto, y que volvemos a repetir:

¿Cuántas veces quedamos desorientados ante alguna explosión incomprensible de ira fuera de contexto, que estalla como una orquesta desafinada dejando perplejo al auditorio? ¿Cuántas veces nos hemos sorprendido a nosotros mismos no pudiendo reprimir una respuesta impulsiva? ¿Alguna vez te sorprendiste echándote a llorar sin poder reprimirlo? ¿O levantando el tono de voz en varios decibeles, o teniendo cualquier reacción destemplada tal como cortar el teléfono, o dar un portazo? ¿Por qué?

¡PORQUE NUESTRAS EMOCIONES SE APODERAN DE LA ESCENA!

Te lo digo gritando para que no te olvides. Y nos miran / nos miramos como una "orquesta desafinada", sintiéndonos ajenos a esta persona (casualmente somos nosotros mismos) que de pronto dice o hace cosas inconvenientes, desafortunadas y nos dejan expuestos de una manera que no elegiríamos, muchas veces, generándonos problemas que no teníamos. ¿Cómo salimos de esto? Lo mejor sería no entrar.

La erupción emocional dura 90 segundos. Si durante ese minuto y medio logramos serenarnos, nuestra respuesta tendrá el color de lo evolucionado, si no…

Analicemos las opciones:

Respuestas emocionales vs. Respuestas elaboradas

Continuamente estamos sometidos a estímulos y estos demandan respuestas. Es más, aun cuando pensemos que tal cuestión no generó nada en nosotros y decidimos no responder ni con hechos ni con palabras, estamos decidiendo no hacerlo.

Las situaciones que leemos como peligro, que requieren especial atención, activan el sistema límbico, o sea, el universo emocional. Esta señal es subjetiva, arbitraria y no depende de su magnitud para producir un efecto. Un estímulo que detona en alguien el aviso de peligro, puede ser ínfimo y ligado a la fantasía o la interpretación que se haga sobre él. Si nuestro sistema límbico está sobreactivado, funciona mal y reduce la capacidad para tomar decisiones. También disminuye la capacidad de acción del córtex prefrontal (decidir, comprender, memorizar, recordar o inhibir recuerdos). Se limita también nuestra capacidad para vivir y entender lo que sucede en el presente, se tiene una visión negativa de los hechos y se tiende a tomar menos riesgos. Hay estudios que muestran que el sistema límbico (responsable de las emociones) se pone en marcha con cosas tan simples como ver un emoticón enojado al final de un e-mail.

Nuestras respuestas emocionales seguirían este esquema:

Estímulo-Sistema límbico-Reacción

Ante un estímulo, la respuesta es rápida, emocional. Utiliza una vía corta: desde la amígdala (sistema límbico) a la respuesta. La posibilidad de equivocarse es alta ya que seguramente los datos con los cuales se elaboró la respuesta fueron pocos y elegidos sin mediar mucha reflexión.

En Argentina, en la época del "corralito", aumentaron de manera significativo las fracturas del metacarpo (hueso de la muñeca), porque la manera de expresar furia e impotencia era golpear algo rígido con el canto de la mano y el puño cerrado. Consecuencia: dinero secuestrado = más fracturas. Las respuestas emocionales son multiplicadoras de problemas. Modificando un poco el dicho: "sobre llovido, inundado".

Para las respuestas elaboradas, en cambio, se utiliza la vía larga:

Estímulo, Sistema límbico, Neocórtex, Respuesta

En este caso, la respuesta va a ser mucho más evolucionada, ya que la irrupción de la emoción va a ser mediatizada por *la zona más evolucionada de nuestro cerebro*. El pasaje por el neocórtex va a dotar a esa respuesta de sus atributos: ética, normas, empatía, reflexión profunda. Con este tamiz aparecerá el cuidado de los otros, el respeto, la impecabilidad de las acciones.

HACIA UNA MENTE NO REACTIVA

La práctica de Mindfulness genera una mente clara, no reactiva, despegada de la actitud primaria estímulo-respuesta. Aparece el trato amable con los demás y también con uno mismo, cuestión que nuestra cultura deja bastante de lado. Hay que reaprender el trato amable con nosotros mismos para lograr un trato igualitario con todos los seres vivos con los cuales compartimos este planeta. El cuidado del otro no se impondrá por obligación, sino como consecuencia natural de una mente que siente la separación entre yo y no yo como transitoria e ilusoria. Si todos formamos parte de lo mismo, somos lo mismo. Lo desplegado será idéntico a lo no manifiesto, solamente en otro orden de consistencia. El Universo es uno, todos formamos parte de esta sinfonía, aun haciendo vibrar diferentes instrumentos. Nadie toca un instrumento, cada uno es un instrumento, todos somos la orquesta.

Algunos conceptos pueden resultar confusos por no existir vocabulario que traduzca la experiencia. Estos conceptos se tornan claros como el agua cuando la práctica dota de sentido a las palabras.

Para la práctica de Mindfulness, el universo emocional es de vital importancia por la presencia que tiene en nuestra existencia. Las emociones básicas son las que se consideran que no contienen otras emociones, no están combinadas. Son seis: alegría, tristeza, ira, miedo, asco y sorpresa.

Dos de ellas nos causan una incomodidad considerable: la *ira* y el *miedo*, porque en general no sabemos qué hacer con ellas.

Nuestra mente occidental ha impuesto que lo "nuestro" ha de ser racional, medido. Desde chicos empezamos a escuchar: "no llores", "no te enojes, callate", "no seas cobarde", y así, en brazos de la socialización, comenzamos el largo camino de reprimir nuestras emociones. Todas ellas son indicadores de un movimiento en nuestro interior. Las emociones son manifestaciones psicobiológicas ante un estímulo. Cada emoción tiene su identidad y es esencialmente diferente a las otras, si bien pueden aparecer combinadas. Cada una tiene su razón de ser.

El miedo es una emoción que surge ante una amenaza. Pero va a aparecer cuando evaluemos la asimetría entre esa amenaza y las herramientas de las que disponemos para enfrentarla. Es en sí una relación. No todos tememos a lo mismo, ni en la misma medida.

La ira es un plus de energía que emerge cuando aparece un obstáculo entre nuestras aspiraciones y el objetivo propuesto. Cuanto más empecinados estemos en lograrlo, más iracundos estaremos si algo se interpone.

Explorar nuestras emociones nos va a mostrar un mundo interior desconocido, que se maneja con sus propias reglas.

Mindfulness equilibra nuestras emociones, ya que produce cambios duraderos a nivel orgánico.

La sabiduría oriental se expresa en cuentos inspirados, como, por ejemplo, este:

LA MUERTE Y EL MIEDO

Una caravana transitaba el desierto camino a Damasco. A la distancia, una figura a caballo quebraba el horizonte. A medida que se acercaba, la imagen era horripilante: un esqueleto envuelto en una capa negra, montado en un enorme caballo que echaba espuma por la boca y lanzaba miradas escalofriantes.

El anciano jefe de la caravana saludó:

—Muerte, ¿a dónde vas?

—Voy a Damasco a cobrar mil vidas.

—Nosotros también vamos hacia Damasco —respondió el anciano, con el cansancio de quienes a fuerza de vivir, ya lo han visto todo. La Muerte hizo un remolino echando rayos y sangre en su girar y a toda velocidad siguió su camino.

Ya en las puertas de la ciudad, los viajeros empezaron a escuchar noticias del horror, que cinco mil, que diez mil, que veinte mil muertes.

El anciano no dijo palabra hasta encontrarse cara a cara con la responsable de semejante tragedia.

—Muerte, vos y yo nos conocemos desde hace tantos años, que ya ni sé cuántos. Me mentiste y no es lo tuyo mentir. Me dijiste que ibas a cobrar mil vidas y te llevaste veinte mil.

—Yo no te mentí —contestó la Muerte— yo cobré mil vidas, las demás se las llevó el Miedo.

¡LO DIJO HAMLET!

Un concepto medular de Mindfulness es que nuestra experiencia general de la vida no se da por los hechos que acontecen, sino por nuestra manera de percibir y reaccionar ante ellos. William Shakespeare dice en Hamlet: *No hay nada bueno o malo en las cosas, es tu pensamiento el que las hace así*. Víctor Frankl, gran psiquiatra sobreviviente del holocausto, escribió en sus memorias: *La última de las libertades humanas es elegir nuestra actitud, cualesquiera sean las circunstancias*.

El cambio es posible y va de la mano de nuestra convicción. "Querer es poder" es una frase nefasta que ha servido para mortificar a quien *no podía*. "Querer" es un buen principio para marcar el rumbo. "Poder" no puede ser un concepto finalista. ¿Qué es "poder"? ¿Qué medida de "poder" sería satisfactoria? La medida humana es la medida de lo posible. Creo que en líneas generales, con suerte, es una "tendencia a…". Si conscientemente no existe esa tendencia, es probable que esa vida sea una hoja al viento en manos del azar. Quizá no valga la pena ansiar la "llegada". Tal vez ese sea el último día.

Los cambios de conducta han sido objeto de estudio de psicólogos y también de quienes investigan modificaciones orgánicas concomitantes. Estudios realizados en la Universidad de Yale demuestran que Mindfulness no solo modifica la actividad de la amígdala (responsable de nuestras emociones básicas) bajo condiciones de estrés, sino que con el tiempo se registran cambios físicos: esta disminuye su densidad a la par que disminuye su actividad. No estamos condenados a emocionalidad perpetua. Con esos cambios las conductas toman el color de la amabilidad.

El cerebro, como demuestran múltiples investigaciones, cambia su estructura a cada momento; crea algunas conexiones y debilita otras. Esta cualidad se llama neuroplasticidad. Este descubrimiento fue clave para encarar tratamientos de rehabilitación. Si un circuito neuronal se interrumpe se pueden abrir nuevas "rutas". Por esa condición del cerebro se puede asegurar que la tan ansiada paz no depende de una bendición de los cielos, sino de cómo orientemos nuestras acciones acá y ahora, en la Tierra.

Mindfulness propicia un estado de atención curioso, abierto, sin preconceptos, como resultado de la libertad que da librarse de las ataduras. Al equilibrar nuestras emociones, guiará nuestras decisiones por una buena senda.

Una mente serena crea las condiciones para una vida feliz.

Una cuestión compleja es que somos hijos de una larga corriente cultural que nos lleva a reprimir las emociones. Nos falta *educación emocional*. La famosa frase "tapar el sol con la mano" es una buena descripción de esta actitud. La represión de la manifestación *no extingue la emoción*, solo bloquea su expresión o sea, construye una bomba de tiempo.

Las emociones requieren de una manifestación adecuada. ¿Qué es "adecuada"? Es tener una expresión acorde al estímulo, y el contexto con todas sus variables, modos, lugar, tiempo, los otros, todo lo que involucra como consecuencia el alcance de nuestra manifestación. La calma nos va a ayudar a hacer una evaluación acertada de la situación y los posibles efectos de nuestro actuar: no dañarnos y no dañar, en ningún aspecto.

Probablemente muchas veces en nuestras vidas nos encontremos enredados en una madeja de emociones contradictorias. ¿Qué podemos hacer con esto? Hmm... lo que podamos.

Yo, en este poema, hice una confesión pública de mis emociones antagónicas:

> MUJER... SOY MUJER
> Soy sol de la mañana, soy agua de deshielo
> soy salvaje, soy dócil..., azúcar y veneno.
> Soy ángel, duende, diosa; soy demonio, soy clero,
> soy presencia divina, soy cuco de tus sueños.
> Soy volátil, corpórea; soy corazón de acero,
> soy meta inalcanzable; soy tu muelle... y un puerto
> solo para tus velas...
> Evanescente, frágil, soy canto de otro cielo.
> Aullido de penumbras... ¡espanto hasta a los muertos!
> Soy un hilo del alba, soy fuego en el infierno,
> soy madre de la música, soy hija del silencio.
> Soy risa, llanto, vida; soy vacío, soy centro,
> soy urgencia y espera; soy explosión de sueños.
> Tambor en tus pestañas, soy ternura en tus dedos,
> soy amor, soy locura, soy pasión, soy cerebro.
> Soy verdad, soy mentira..., enigma... ¡y lo celebro!
> Soy espíritu al viento, que jamás tendrá dueño

salvo que lo decida...
Soy caricia en las teclas, soy temible en el ruedo,
soy la fiesta que ansía un amante sincero.
Soy dulce en mis mañanas, soy tormenta, soy trueno,
soy lluvia, soy sequía, soy placer y tormento.
No soy buena ni mala, soy mujer, miel de enero,
al mundo le doy hijos y a la tierra... sustento.
Soy trasnoche que ahuyenta un pudor pasajero,
para que un par de frases sean paridas en verso.

Hace algunos años, publiqué en Mindfulness Zona Sur (Facebook) este artículo, que fue replicado muchas veces por el lenguaje llano. Creo que resume los conceptos básicos de las Neurociencias:

NEUROCIENCIAS PARA IGNORANTES COMO YO

El cerebro es un órgano adaptativo que cambia de manera permanente al contacto con la lluvia de estímulos a la cual es sometido. Reacciona a las diferentes circunstancias estableciendo otras conexiones neuronales y produciendo nuevas neuronas.
¿Cuál es el deseo acerca de nuestras capacidades cognitivas?: ¡pensar mejor! Para eso necesitamos neuronas desintoxicadas. ¿Cómo lo logramos? A través de la respiración correcta. La postura corporal facilita que las "palomas mensajeras neuroquímicas" que transportan información entre médula espinal y cerebro tengan la ruta libre. Muchas intenciones de cambio se frustran porque nos faltan dos cosas fundamentales: atención y voluntad.
Estar distraídos nos hace correr en riego de "caer en la tentación", y hacer macanas (hidratos de carbono, alcohol, nicotina, vínculos dañinos, o lo que fuere). A estar atentos se aprende y a tener voluntad también. Las conductas compulsivas se reemplazan por respuestas más elaboradas.
 La mala onda se puede transformar en optimismo, solo es cuestión de aprender a cargar la zona apropiada del cerebro. El dúo

desconfianza-distancia puede sustituirse por confianza-acerca-miento. Todo depende de la actividad del córtex prefrontal.

Quedarnos mirando algo que nos perturba (una cara, un mensa-je, un cigarrillo, una vidriera o un Wathsapp), secuestra el 30% del cerebro y nos deja "pegados" allí.

La creatividad no depende del favor de "las musas", sino de cómo alternemos actividad intencional y silencio.

Cambios y más cambios; el secreto del cambio está en tu cere-bro. Y hoy sabemos cómo hacerlo.

¿Conocés Mindfulness? De eso se trata.

CAPÍTULO IV

MINDFULNESS Y ACEPTACIÓN

Me celebro y me canto a mí mismo.
Y lo que yo diga ahora de mí, lo digo de ti,
porque lo que yo tengo lo tienes tú
y cada átomo de mi cuerpo es tuyo también.
Vago... e invito a vagar a mi alma.
Vago y me tumbo a mi antojo sobre la tierra
para ver cómo crece la hierba del estío.
Mi lengua y cada molécula de mi sangre nacieron aquí,
de esta tierra y de estos vientos.
Me engendraron padres que nacieron aquí,
de padres que engendraron otros padres que nacieron aquí,
de padres hijos de esta tierra y de estos vientos también.
Tengo treinta y siete años. Mi salud es perfecta.
Y con mi aliento puro comienzo a cantar hoy
y no terminaré mi canto hasta que me muera.
Que se callen ahora las escuelas y los credos.
Atrás. A su sitio.
Sé cuál es mi misión y no lo olvidaré;
que nadie lo olvide.
Pero ahora yo ofrezco mi pecho lo mismo al bien que al mal,
dejo hablar a todos sin restricción,
y abro de par en par las puertas
a la energía original de la naturaleza desenfrenada.

CANTO A MÍ MISMO (I) WALT WHITMAN (1819-1892)

¿CUÁL ES TU ACTITUD BÁSICA ANTE LAS CONTIN-GENCIAS DE LA VIDA?

¿Combativa, resignada, indiferente o de aceptación?

La vida gira a velocidad, cambia escenarios, actores y relatos en forma vertiginosa y en modo multidimensional. Todo el tiempo están pasando cosas frente a nosotros, y también otras, dentro de un cono de sombra. Uno puede desplazar la mirada y contemplar otro escenario; puede acercarse para ver un detalle o puede alejarse y abarcar un radio mayor, que por amplio que parezca, jamás llegará a ser el todo. Mientras tanto, un plano en diagonal lo atraviesa, obligándolo a mirar desde otro ángulo.

Si percibo que detrás de mi espalda hay movimiento, pisadas en los tablones, cortinados pesados que se mueven, actores correteando por los pasillos... No hay duda, fuera de mi vista se está organizando otra obra. Empiezo a inquietarme. No puedo resolver dónde ponerme respecto de lo que se alborota a mi alrededor de manera desprolija, inconsulta e irreverente. Escucho el repicar de martillos sobre los tablones que construirán nuevos escenarios, tal como si una multitud de carromatos de gitanos se hubiesen empecinado a venir a convertirme en una voyerista por obligación. Estoy rodeada. La realidad se burla de mí, atosigándome con sus intromisiones irreverentes. A veces quisiera gritar: "no sé qué hacer", pero no lo hago, porque tampoco "no sé qué no hacer". La realidad, escandalosamente prolífica, me avasalla. No me pide permiso para irrumpir, toca la puerta, entra con desparpajo, tira un par de cosas sobre la mesa, y anuncia: "llegué para quedarme... o para irme". Y yo que estaba tan tranquila, en mi mundo de juguete previsible, pero indudablemente segura, ahora me veo acá, rodeada de cosas llamativas, que demandan urgente atención. A velocidad intento establecer un plan de acción.

Actitud combativa

Un enfoque posible es la actitud de combate. Se instala un estado permanente de alerta. Se da por sentado que lo nuevo es amenazante *per se,* solo por ser nuevo. Con las horas se van rumiando argumentos que justifican el atrincheramiento. La persona se arrincona cuidando todos los flancos y está dispuesta a combatir cualquier argumento. Probablemente instale un a priori agresivo, fundamentado en la agresión inminente.

80

En nuestros tiempos, la velocidad de giro suele superar la capacidad de adaptación. El estrés nos proyecta al futuro, nos saca de la posibilidad de contacto directo con la realidad que se expresa únicamente en el presente. El futuro, como todo lo desconocido, es potencialmente amenazante. Quizá, cuando el peligro se presente, ya sea tarde. La conclusión se toma a puro impulso emocional: hay que construir una estrategia de defensa antes de que la situación llegue. En medio de esta elaboración de expectativa catastrófica, tenemos como respuesta de primera elección la actitud combativa, porque en nuestro interior, la primera instancia que era la *posible* amenaza ya pasó. No hubo tiempo real para descubrirla, pero ya pasó. *Como realidad psíquica ya aconteció.*

El problema es que en los hechos el peligro no estuvo. Probablemente se haya construido a partir de una fantasía, *seré agredido de alguna manera.* Es una "profecía autocumplida", lo que se predijo se cumplió, pero la persona no logra darse cuenta de que ella misma la generó. Interpretó la agresión exterior como *causa* de su actitud combativa, aunque en realidad esa agresión fue la *consecuencia.*

Si tomamos los elementos por separado, todos formaron parte de esta obra de teatro, pero mezclamos en nuestra cabeza los papeles y adjudicamos el rol de enemigo a quien en realidad fue el depositario de la propia agresión.

El estilo combativo encara la vida como una batalla, el éxito y la felicidad que supuestamente traen aparejados se miden en ganar o perder. Esto condena a la persona a un estado de estrés crónico, provocado por el estado de alerta necesario para estar siempre en pie de guerra, para conquistar la ansiada felicidad. Como esta no aparece, se redobla la lucha porque en algún lugar debe estar ese enemigo que se resiste a entregar el trofeo.

Actitud resignada

La actitud resignada aparece cuando sentimos que todo lo que nos circunda desborda nuestra capacidad de acción. La mirada de la realidad está envuelta en un velo de tules que enturbian la imagen. La comprensión está disminuida por una actitud global de ser superados por una realidad incomprensible. El TODO es un presente que nos deja afuera, sumergidos en la ajenidad de nuestra propia vida. Esta actitud puede ser temporaria o permanente. En este último caso las dificultades se multiplican por un sentimiento generalizado de minusvalía.

Esta actitud se corresponde a un estado de ánimo bajo, poco vibrante, con una dotación energética pobre. La actitud resignada no termina allí, suele ir de la mano con sentimientos rumiantes de culpa y castigo y de enaltecimiento de los otros, los que sí pueden.

No hay hechos neutros, pensamiento y emoción devienen en conductas, suelen realizarse acciones fundamentadas en supuestos argumentos de otras personas, adjudicándoles valor de verdad, solo por ser de otros. Estas conductas armadas sobre *supuestas verdades ajenas,* suelen provocar más errores que aciertos, ya que no hay sustento para sostenerlas en el tiempo o con conductas sucesivas.

La actitud resignada corresponde a una asimetría entre la capacidad de acción que sentimos tener y la lectura de la realidad.

La resignación es una actitud además de pasiva, dañina, supone una injusta pobreza interior y gran impotencia ante un destino que lleva siempre las de ganar.

La actitud resignada habla de una persona atrapada en el juego inconsciente de dos personajes internos: víctima y victimario. El que actúa en la superficie es la víctima y el personaje mudo, el victimario. Este último empuja a la víctima a desarrollar acciones para acceder a la felicidad y la víctima queda presa del sometimiento al castigo, ya que la felicidad no es un bien estático a adquirir. En esta posición hay mucho sufrimiento porque el desacuerdo entre ambos conlleva el dolor de cualquier disociación importante.

La actitud indiferente

En este caso, la realidad se despliega ante los ojos de una persona que mira la vida desde una platea. La película pasa de comedia a policial, del noticiero al drama y la persona sigue allí, mirando. En este caso, las emociones están bloqueadas, ningún estimulo provoca reacción. Nada logra despertar algo. Una cierta anestesia protege del impacto de la realidad. Las acciones están impulsadas por la obligación, pero la pasión es ajena.

La actitud indiferente muestra a una persona anestesiada. No hay ninguna fuerza antagónica predominante, están equilibradas, por lo tanto se anulan. El resultado es encontrarnos frente a un pasajero de la vida paralizado en el andén.

La actitud indiferente aparece cuando desde el intelecto se intenta instrumentar una defensa racional, una protección sobre la sensación de vulnerabilidad. Algo así: "como esto no me importa, no me vas a poder lastimar". Como la psiquis es una, probablemente esta actitud se vaya globalizando para instalar una manera descolorida y desafectivizada de estar en el mundo.

Toda defensa es efectiva a costa de alguna pérdida. Desde la indiferencia se puede soslayar el dolor, lo difícil es reactivar la sensibilidad por una decisión voluntaria. Todo tiene un costo, en cada situación tendremos que evaluar si el pago vale la pena.

Analizando estas actitudes, podemos suponer que quien se planta en alguna de estas actitudes se cristaliza en *víctima o victimario,* no porque lo sea, sino porque así lo siente.

Nuestro mundo es un modelo de opuestos; por lo tanto los pares de opuestos se expresan alternativamente a la luz y a la sombra. Trascenderlos corresponde a un estado unificado de conciencia, la llamada *conciencia de unidad.*

Quien tenga una actitud combativa, se siente víctima de la situación. Muy probablemente su actitud victimice a aquellos con quienes se relacione. La posición de víctima es inconsciente (no puede reconocerla como tal) y actúa la de victimaria.

La persona que adopte una posición resignada, sacará a la luz su lugar de víctima sometida a una situación que la aplasta, con respecto a la cual no tiene herramientas para asumir un mejor lugar. En lo inconsciente, hay un personaje fuerte, quizá un juez muy duro que la obliga a someterse. En este plano está su propio victimario y a la luz, la víctima.

En la actitud indiferente, dos aspectos se alternan, siendo víctima o victimario, expresado en un continuo desentendimiento de las propias acciones. "Maltrato y no me doy cuenta", me expongo al maltrato "y no me doy cuenta".

Una frase acuñada desde la búsqueda del despertar es "darse cuenta" en las antípodas de estas posiciones.

Estas batallas expresan la dualidad del desdoblamiento en opuestos. Si el Todo se desplegó, sus partes constituyentes han de haber quedado en oposición. La tarea de la evolución es volver a unir lo desplegado, retornar a la Unidad. Mientras estemos atrapados en la ilusión (la *maya* para los hindúes), la lucha es inevitable. Despertar, iluminar la conciencia, es el objetivo de la *observación*: poder contemplar la realidad tal cual es, más allá de las formas.

La separación produce sufrimiento. Cada vez que decimos "yo soy así" acentuamos el dolor, porque nos apegamos a un aspecto negando el opuesto.

Dicen los budistas que en el apego está la raíz del sufrimiento.

PRÁCTICA

Elegí un momento en que puedas estar tranquilo y sin interrupciones, para imaginarte viendo una película donde el papel protagónico es tuyo. Buscá, en los archivos de tu memoria, escenas de situaciones donde te hayas sentido incomprendido.

Exploremos un poco nuestra *máquina de pensar*:

» ¿En qué posición te ubicaste?

» ¿Con qué argumento justificás esa posición?

» ¿Te sentiste incomprendido? ¿Por qué?

» ¿Qué intentabas explicar sin éxito?

» ¿Cuál fue el resultado?

» ¿Quedaste rumiando algún argumento?

» A la luz del tiempo y el resultado, ¿hubiese sido mejor hacer otra cosa?

» ¿Qué cosa no entendiste entonces?

Probablemente, a través de los años, te hayas encontrado asumiendo una posición u otra. Es interesante analizar una por una, para poder verse en perspectiva.

» ¿En qué situación te reconocés en una actitud combativa?

» ¿Cuál fue el resultado?

» ¿Podés extraer algún aprendizaje de ese momento?

» ¿Qué grado de comodidad te dio ponerte en ese lugar?

- » ¿Te reconocés teniendo la actitud combativa como forma de pararte en el mundo?
- » ¿En qué situación te reconocés en una actitud resignada?
- » ¿Cuál fue el resultado?
- » ¿Podés extraer algún aprendizaje de ese momento?
- » ¿Qué grado de comodidad te dio ponerte en ese lugar?
- » ¿Te reconocés teniendo la actitud resignada como forma de pararte en el mundo?
- » ¿En qué situación te reconocés en una actitud indiferente?
- » ¿Cuál fue el resultado?
- » ¿Podés extraer algún aprendizaje de ese momento?
- » ¿Qué grado de comodidad te dio ponerte en ese lugar?
- » ¿Te reconocés teniendo la actitud indiferente como forma de pararte en el mundo?

Ahora es momento de revisar las listas para poder ver un patrón de conducta y de esa manera comprender más claramente por qué nos pasa lo que nos pasa.

Ninguna posición es buena o mala *per se*. Todo en nuestra vida tiene un sentido. En algún momento, en determinada situación, elegimos una actitud acorde a ella. Esa primera elección probablemente haya sido funcional a ese contexto. Si el resultado fue bueno, empezaremos a destacar esa conducta sobre cualquier otra. Y en algún escenario parecido al primero, ensayemos otra vez aquella conducta exitosa. Si el camino se sigue haciendo a ciegas, esa conducta quedará guardada con el cartel de "eficaz". Pero si el tiempo pasa y no se logra arrojar luz nueva sobre cada escena, esa manera de posicionarse será repetida hasta el infinito. Será la conducta "todo terreno". ¿No conocemos, acaso, personas que se enojan por todo? Quizá los primeros enojos fueron una respuesta ajustada a la situación, y por alguna razón, el protagonista se sintió cómodo en ese enojo y ese accionar se rigidizó.

Las conductas repetitivas se convierten en un estereotipo difícil de revertir. La persona se siente cómoda en ese lugar. Vale la pena aclarar que puede sentirse cómodo en un lugar incómodo, pero lo conoce; en esa trinchera se siente protegido. Imaginemos a una persona que en un momento pasa por un periodo de mucho sufrimiento, su actitud será la de alguien que pena. Seguramente encontrará en el mundo protección, cuidados, atención y todos los colores del acompañamiento. En ese acople, encontró alivio. Pasa el tiempo y sigue estática en el lugar del sufrimiento, pero al no haber motivo, la respuesta del entorno no llega. ¿Qué hace entonces? Exagera el dolor suponiendo que su mensaje no ha sido escuchado, que necesita imprimirle mayor volumen. Lejos de lograr la atención que demanda, empieza a recibir muestras de fastidio. Finalmente, una de las frases preferidas que conseguirá como respuesta es: "no te hagas la víctima". La contención de los otros viró en fastidio. Al descodificar esa señal, el dolor se agudiza. Ahora tiene otro motivo, la indiferencia de los que antes la protegían. Una frase empieza a repicar: "qué pronto se cansaron de mí", "nadie quiere acercarse". El rechazo de los otros se agudiza por el hartazgo de los reclamos y las quejas. El círculo vicioso se acrecienta al exacerbar la frustración por no recibir lo esperado.

Cuando una posición se rigidiza, los vínculos se resienten. En lugar de poder escuchar con la mente y el corazón abierto, se encara la nueva situación con el abanico de prejuicios en la mano. Todos los participantes tienen tomada de antemano una posición. La frase insignia es "yo ya sabía" de un lado y del otro. Y es cierto. Lo que se pone en juego son discursos del pasado.

En cualquier camino de búsqueda, uno mismo es la herramienta y el objeto. Por eso es tan difícil. Ambos están soldados. Hay que inventar alguna dinámica artificial para desdoblarnos, para ser el observador y el observado. Al principio, es bastante probable que los descubrimientos sean pobres, porque las disculpas y justificaciones sobre los hechos se devoran las señales más incómodas. Por eso, el primer pilar de Mindfulness es el aquietamiento de la mente. Una mente turbulenta queda enredada en su propio oleaje. ¿Qué tipo de hallazgo podemos tener en medio de una maraña de pensamientos y emociones?

Poder ver y escuchar en una mente vacía de contenidos. Ese es el camino del autoconocimiento.

La aceptación proviene de aceptar *eso* que acabamos de encontrar tal como es.

Eso es lo que somos. Quizá, dicho así, parezca peyorativo; en realidad, intenta denotar lo neutro. No somos nuestro cuerpo, nuestra mente, ni las emociones, ni los actos, ni las creencias… ni nada. No hay nada que pueda definir a un ser humano. Solo podría hacerlo alguna entidad no humana. Diría que *somos*. Y esto implica aceptar el misterio impenetrable de la manifestación de la vida sobre la tierra. Somos eso para lo cual no hay palabras. Cuando en algún momento de *insight* nos asomamos al misterio, todo se pone en relación.

Si podemos aceptar que no sabemos de dónde venimos, para qué, ni hacia dónde vamos, es más fácil enfrentar nuestros déficits, fallos, pecados y toda la parafernalia de culpa y castigo que formó el corsé de nuestra educación.

Contemplar nuestros aspectos disfuncionales sin reaccionar ni buscar justificativos o maltratarnos, es la puerta de entrada a la compasión. Ser compasivo es el amor puesto en acción. Esa es una experiencia de sanación.

No seremos perfectos, nunca lo seremos, ni sabios, ni maravillosos en ninguna expresión. Tampoco significa que somos despreciables. Somos personas. Un campo fértil en alguna parte se inunda, mi perro renguea, aquel pajarito no canta ¿Y? ¿Nos quejaríamos? ¿A quién?

Así es la naturaleza; cuánto bien nos haría superar la polaridad perfecto-imperfecto. Todo es así, con rotos y sanos en un permanente continuo.

Somos chiquitos, la vida es corta, el tiempo pasa a velocidad vertiginosa y no nos espera. ¿Vale la pena desperdiciar minutos que no vuelven en castigar o castigarnos de cualquier manera que esto fuese?

Quizá el código de ética universal podría resumirse en *no dañar*. Esas dos palabras alcanzan para orientar las acciones individuales o de una nación.

PRÁCTICA. Al encuentro consigo mismo

Nos enfrentamos a una nueva práctica. Mindfulness es un recordatorio continuo: la vida es esto que estamos haciendo *en este momento*. No es después, cuando tenga ganas, o encuentres una lapicera. Ni "lo tengo en la mente y después lo escribo". Va de nuevo la misma recomendación: si este no es tu momento, por el motivo que fuere, lo ideal es que dejes este libro aquí y lo retomes cuando estés disponible. Esta palabra no fue elegida al azar. "Disponible", según la RAE: libre de impedimentos para prestar servicios a alguien. Ese "alguien" somos nosotros mismos. Prestar servicios no significa ofrecer a medias o por un rato. La definición no indica alternativas de calidad ni cantidad. Sugiere una actitud plena.

Si se tiene alguna idea que ronda en la cabeza, que inquieta, que hace repasar acciones pasadas u objetivos por realizar, lo más eficaz sería dedicarse a esta otra cuestión. ¿Cuántas veces estamos inmersos en lo actual con una fracción de nuestra mente, mientras pensamientos rumiantes nos acosan desde las sombras con las tareas que tenemos pendientes?

Para estar disponibles es importante hacer acuerdos internos: que los distintos personajes negocien contratos. Por ejemplo: "ahora me ocupo de tal cosa y mañana de la otra". Esto que parece tan simple, no lo es. Solemos creer que lo hacemos y, en realidad, solemos estar atrapados en medio de un forcejeo, donde cada personaje en juego tironea para satisfacer su propia necesidad. Para que esto no suceda es imprescindible hacer un análisis detenido de la situación, poner palabras y, en lo posible, escribirlas. Es un ejercicio muy útil para empezar a acostumbrarnos a ver claramente dónde estamos.

Ahora sí, totalmente disponibles y lapicera en mano para escribir, vayamos a la práctica.

» Durante estas búsquedas, ¿encontraste algún elemento propio que te haya generado rechazo?

» ¿Podrías encontrar cual fue el momento en que ese aspecto quedó separado de la totalidad?

» ¿Podrías reconocerlo como propio o lo ves como un extraño?

» ¿Qué determinó la separación?

» ¿Qué función cumple en tu vida?

» ¿La "voz" de quién lo marginó?

» Esa voz, ¿hoy sigue siendo válida?

» ¿Qué dice el aspecto marginado?

» ¿Qué tendría que pasar para integrarlo nuevamente?

Durante las prácticas presenciales es muy eficaz hacer este ejercicio entre dos personas e ir cambiando de lugar según el rol que se desempeñe. En este caso, sería igualmente válido imaginar que se está sentado frente a alguien al hacer una pregunta y cambiar de lugar al decir la respuesta. El cambio de lugares no es metafórico, es desplazarse literalmente a otro sitio. Al ocupar geográficamente el lugar del *partenaire* hay altas probabilidades de encarnar de manera fehaciente al otro personaje, su pensamiento, sus emociones y todo lo que pase por su mente o su corazón.

CONSTRUYENDO UNA VIDA AMABLE

Aceptar es la capacidad humana de estar presentes en el aquí y ahora, conscientes de nuestros pensamientos, recuerdos, imágenes, sensaciones, etc. Estar atentos a los datos de la realidad, aceptándola tal cual es. Las cosas no son como nosotros queremos que sean ni como necesitamos que sean. Las cosas son como son, e intentar forcejear con la realidad producirá una importante pérdida de energía y una gran frustración. Aceptar la realidad **no** es adoptar una actitud pasiva e indiferente:

> *La aceptación de las cosas tal como son requiere de una fortaleza y motivación extraordinarias −especialmente en el caso de que no nos guste− y una disposición a trabajar sabia y eficazmente como mejor podamos con las circunstancias con que nos encontremos y los recursos, tanto internos como externos, para mitigar, curar, reorientar y cambiar las cosas que podamos cambiar.*
> *La atención plena.* Jon Kabat-Zinn

La aceptación va a la raíz de las cosas, dejando de lado nuestras preferencias. Todo el tiempo nos contamos historias, como un traductor de las situaciones. Los hechos *deberían* ser de tal o cual manera. Así, la responsabilidad sobre ellos se disuelve en el argumento que hayamos inventado y aceptado como verdades.

Pema Chödrön explica que cuando nos damos cuenta de que todo está en continuo cambio, buscamos con desesperación algo que nos dé certidumbre. Nuestros intentos de tener una felicidad duradera se contradicen con el hecho de que somos parte de un sistema dinámico en el que todo está en proceso. Nos enfrentamos a preguntas muy complejas. ¿Cómo ser felices si sabemos que vamos a morir? ¿Cómo permanecer serenos ante la incertidumbre y el cambio? Ya que esta es la condición de la vida ¿por qué no aceptarla y relajarnos en ella?

> *Vivir es una forma de no estar seguro,*
> *De no saber qué vendrá después ni en qué forma.*
> *En el momento en que sepamos cómo, empezaremos a*
> *morir un poco.*
> *Suponemos. Podemos estar equivocados,*
> *pero aun así nos lanzamos de un salto a la oscuridad una*
> *y otra vez.*
>
> *Agnes De Mille*

Aceptar la realidad tal cual es nos abre a una comprensión más sabia, compasiva y a actuar en consecuencia. Cuando adoptamos una manera más acertada de ver las cosas, se descubren verdades más profundas, que estaban escondidas debajo de toneladas de creencias, prejuicios y argumentos de todo tipo.

El peso del pasado aparece de manera rotunda imponiendo un único camino, muchas veces, de manera casi irracional. Es el que determina que las cosas "deben ser así". Son tantos los ejemplos cotidianos que los pasamos por alto sin siquiera reflexionar. Planificamos una reunión afuera y ese día llueve. Es frecuente encontrar lamentos de este tipo: "¿Justo hoy tiene que llover? Toda la semana fue preciosa. Siempre tengo mala suerte. ¡Yo sabía que me iba a pasar!".

Veamos por partes: "justo hoy tiene que llover". Siempre existe la posibilidad de que llueva. Nos cuesta aceptar que el destino no se ata a nuestras necesidades. ¿Quién aseguró que hoy no llovería? ¿Nuestros deseos son condición suficiente para estabilizar algo tan inestable como el clima? En la tierra, algunos días llueve, aunque no nos convenga. "Toda la semana fue preciosa". ¿Y?, ¿cuál es la idea? ¿La semana preciosa nos hizo trampa? Tiro una moneda y cinco veces seguidas sale "cara", la sexta vez ¿saldrá cara porque viene de "racha" o saldrá seca porque alguna vez la "racha" se tiene que cortar? ¿Varios días sin llover tendrían que garantizar el buen tiempo para la reunión? ¿Semana preciosa significa muchos días de sol? Habría que preguntarle a la gente del campo si está de acuerdo con esta afirmación. O a quien atiende un puesto de panchos en la calle. Con ese razonamiento, el que trabaja en el *food track* está peor, atrapado en un dilema. Necesita sol para que la gente salga a pasear (y compre panchos) y lluvia para no derretirse. ¡Ni siquiera puede decidir cuál es la buena suerte o cuál la mala! Cuántas veces escuchamos decir "no sé qué quiero", como si querer construyera la realidad.

"Siempre tengo mala suerte". Acá nos adentramos en creencias más riesgosas. Creer que no tiene que llover, aplica a ese día por una situación especial. Pero "no tengo suerte" opera en las sombras de manera omni-presente.

Analicemos opciones:

1. Si algo sale mal, se toma como una muerte anunciada; era espera-ble que el destino no ayudara.

2. Si está a punto de resolverse, no hay cábalas que alcancen para neutralizar el conjuro que tiene al protagonista sometido a la maldición. La amenaza se hará efectiva. "Yo sé cómo termina esto".

3. Si el resultado fue negativo, la respuesta interna confirma lo que se sabía de antemano: "no tengo suerte, en nada".

4. Pero si es positivo, se toma como un regalo sospechoso: "¿a ver qué me va a pasar ahora?". El destino, cuando da algo, pasa a cobrar. Hay una frase bastante negativa sobre una santa, que grafica este pensamiento: "Santa Rita algo te da y algo te quita".

Independientemente de la práctica religiosa, la herencia judeo-cristiana está en la base de nuestra cultura. Quizá nunca dejemos de sospechar de un dios que pidió a Abraham el sacrificio de su único hijo.

Esta frase común y corriente, "no tengo suerte", encierra todo un uni-verso de creencias sobre nosotros mismos y nuestro vano intento de mo-dificar lo incierto a voluntad.

El ejemplo del clima tiene cierta facilidad: podemos interpelarlo cuantas veces queramos, pero este es sordo a nuestros reclamos y también a las posibles alabanzas. Pero si esta dificultad de aceptar las cosas como son involucra a otros, nuestra ceguera puede traer complicaciones impredeci-bles. Dejando de lado los prejuicios sociales y raciales, que son muchos y dolorosos, podemos encontrar mil ejemplos cotidianos. Ninguna creencia sobre los otros es inocua. Una suposición negativa sobre alguien va a teñir nuestra mirada. Aunque esa persona muestre actitudes y acciones positivas, se estará esperando el supuesto error para confirmar el prejuicio: "¿viste, yo sabía?". Nada será suficiente para revertirlo. ¿Por qué? Porque es irracional. Para modificarlo habría en primer lugar que reconocerlo, actualizarlo, ponerlo en revisión, analizar qué valor de verdad tiene (seguramente ninguno). Este sería el camino de hacer consciente lo difuso, ubicarnos en el presente y observar a esa persona tal cual es. Seguramente, a vuelta de correo, nos encontremos con otro problema: los prejuicios de la otra persona. Es interesante pensar los vínculos desde esta perspectiva, probablemente se estén relacionando dos viejos discursos de ambos, alimentados por otras voces (el dedo en alto del padre, las costumbres que trajo la nona de Italia, el colegio de monjas, la normativa religiosa). Visto de esta manera habría que evaluar cuántas personas fantasmáticas se involucran en una charla. Si pudiésemos sonreír internamente ante esta idea, veríamos que nada es tan importante como para justificar una pelea, un distanciamiento, una agresión o una defensa a voz altisonante. ¿Quién será el que está gritando? ¿Algún prócer?

La vida es corta, no vale la pena levantar todos los guantes. La energía usada en recogerlos, uno a uno, habría que aplicarla en abrir los ojos y mirar de frente.

Demasiadas veces culpamos a contingencias externas de nuestra infelicidad: "vamos a ser felices cuando no estemos tan agobiados por el trabajo, cuando tengamos más dinero, cuando empiece el verano, cuando terminemos los estudios, cuando nos jubilemos…". La lista puede ser interminable.

A tener en cuenta en todas las prácticas:

Te propongo que cada vez que tengas que contestar preguntas lo hagas del otro lado de la hoja, o en un cuaderno aparte, pero que lo escribas. ¡No lo dejes "para después"! Justamente de eso se trata, de estar atento para poder tomar un rol activo en la propia vida.

¿Cuáles son tus argumentos para dejar la vida para después?

1. Te propongo que escribas por lo menos cinco cosas que creas que se interponen en tu camino.

2. Al lado de cada frase describí cuál podría ser la solución y todas sus variantes. No importa que parezcan absurdas o imposibles.

Hay una frase aplicable a esta propuesta: "lo imposible solo tarda un poco más". Cada vez que desechamos a velocidad alguna alternativa, estamos renovando nuestro pacto con el pasado; al quedarnos solamente con las opciones conocidas, nos estamos condenando al fracaso una vez más. Muchas veces caemos en la trampa de creer que no hemos logrado el objetivo porque nuestra receta fue poco clara o débil. Entonces le aplicamos más vigor y volvemos a aplicarla. El desconcierto aparece cuando el éxito se nos niega. La respuesta a este misterio es: no necesitamos hacer más de lo mismo, hay que hacer *otra cosa*. Esta propuesta es usada en muchos entrenamientos, se denomina *brain storming* (tormenta de ideas). Hay que escribir todas pero absolutamente todas las ideas que se nos ocurran. Las primeras, obviamente, son las que tenemos a mano, las conocidas. Ellas son las que obturan la salida de las que pueden arrojar luz sobre el problema.

3. Evaluar detenidamente todas las alternativas. Hay que cargar todos los archivos. La diferencia entre nuestro cerebro y una computadora es que el cerebro organiza el material y es capaz de regalarnos un producto nuevo, *otra cosa*.

4. Si descubrís que la solución no está en tus manos, escribí con mayúsculas ACEPTO QUE ES ASÍ y cada vez que te aparezca este obstáculo, recordá que aceptaste la realidad así como es.

Si la felicidad no la podemos encontrar en el presente, en este momento que estamos viviendo ¿dónde la vamos a encontrar?

Vale la pena detenerse un instante: ¿estás atento a lo que estás leyendo? ¿Te da gusto hacerlo? Y no lo digo en términos generales, específicamente, ¿estás a gusto leyendo? Mientras leés, ¿te ronda la idea de hacer un café? ¿Preferirías dejarlo para más tarde? Y si estás cansado, distraído, preferirías dejar de leer, ¿por qué seguís leyendo? Es importante que pienses en eso, porque quizá encuentres un patrón común respecto de otras cosas que te estás imponiendo.

Hacé esta prueba: cuando descubras el tironeo de tu atención, seguí el hilo; si estás leyendo y te descubrís deseando un café, suspendé la lectura y andá por él; te vas a dar cuenta de que atendiendo a ese simple gesto de "escucharte", vas a poder estar presente en el aquí y ahora. Prepará el café y retomá la lectura, o no. Hay que aprender a escucharse. Este ejemplo es tan válido como cualquiera; te invito a repetir la pregunta en cualquier otro momento en que "te acuerdes de vos".

Son demasiadas las veces en que mientras estamos leyendo, para seguir con el ejemplo, nos ronda una idea en segundo plano. Entonces optamos por sacarnos de encima lo primero, en este caso la lectura, como si fuera un abrigo que en verano nos fastidia. ¿Por qué? Porque quizá arrastramos la idea de "cumplir las consignas". ¿Qué sentido tiene leer si no puedo prestar atención? Es mucho más justo, además de eficaz, atender todos los estímulos y elegir. Elegir es una palabra clave.

Tratá de hacer de tu vida *una sumatoria de momentos presentes*, en lugar de un hilo eterno que intenta ser liso y anda a los saltos de nudo en nudo.

Gran parte de nuestro sufrimiento corresponde a la loca idea de pretender *hacerlo todo*. Si, observando serenamente la situación, reconocemos que la cantidad de compromisos nos exceden, *y esta situación se perpetúa en el tiempo,* habrá que renunciar a alguna obligación. Continuar es eternizar el sufrimiento. Ser compasivos con nosotros mismos es ofrecernos buenas condiciones de vida.

La sociedad se caracteriza por los altos niveles de exigencia, sometiéndonos a expectativas imposibles de cumplir. La idea de renunciar a compromisos suele verse como un absurdo, algo irrealizable. Lamentablemente, si la exigencia es demasiado alta, se termina renunciando de manera forzada, por dolencias físicas o psicológicas, como si la presión hubiese que resistirla *hasta el final o hasta no dar más.*

Es en este sentido que debemos desarrollar la *compasión.* La compasión suele ser, de manera errónea, confundida con la lástima: ver a alguien que sufre y apenarnos por él. ¿A quién puede hacerle bien esto? *Compasión es desear que alguien deje de sufrir.* Y en la larga lista de "alguien" ¡debemos estar nosotros! Demasiadas veces nos sometemos a esfuerzos titánicos o a caprichos y demandas externas interminables, ¿para qué?

Una actitud sana es hacer para nosotros el mismo cálido nido que somos capaces de hacer para otros. Nadie dijo que el bienestar de los otros ha de montarse sobre el sacrificio propio.

Una flecha puede salvar dos pájaros a la vez: si le das a la rama, ambos pájaros huirán volando. En primer lugar cuídate a ti mismo. Reconcilia los elementos conflictivos en tu interior siendo consciente y practicando el amor incondicional. Después, reconcíliate con tu propia gente aceptándola y amándola, aunque no la comprendas.

Sintiendo la Paz. Tich Nhat Hanh

Comparto estas bellísimas palabras de Rick Fields:

Este mundo, absolutamente puro como es. Tras el miedo, la vulnerabilidad. Tras eso, la tristeza. Después, la compasión y tras todo ello, el vasto cielo.

CAPÍTULO VI

MINDFULNESS E INTELIGENCIA

Los primeros test que se hicieron, allá por los albores de la psicología, eran pruebas de laboratorio de atención y memoria, es decir, capacidades cognitivas. Se suministraban al examinado una serie de cartas que podía observar en un tiempo determinado. El examen consistía en contabilizar el contenido de la cantidad de cartas recordadas. Se fueron sumando problemas de lógica y matemáticas.

Es por eso que las primeras definiciones de inteligencia referían a memoria y atención, y luego, a la capacidad para resolver problemas.

Con estas pruebas se obtiene el CI, cociente intelectual o coeficiente intelectual, que es una medida demasiado restringida.

Hay muchas definiciones de inteligencia, quizá la más inclusiva refiera a la capacidad de resolver de manera eficaz cuestiones cotidianas.

Con el correr de los años se empezó a pensar que ninguna definición de inteligencia sería adecuada hasta no tener en cuenta la compleja naturaleza del intelecto humano con todos sus elementos constitutivos, es decir, el conocimiento y manejo de las emociones.

Fueron muchos los pensadores que agregaron diferentes elementos a este concepto, pero la frase "inteligencia emocional" se popularizó con el libro del mismo nombre, de Daniel Goleman en 1995, *best-seller* indiscutido, que revolucionó la manera de pensar la psicología.

¿Una clave del éxito?

Goleman afirma que la autoconciencia, la autodisciplina, la persistencia y la empatía tienen más consecuencias en la vida que el coeficiente intelectual.

Esto explicaría por qué algunas personas con un CI más bajo tienen más éxito en múltiples aspectos, aun en el laboral, que otras que puntúan mejor. La empatía, las habilidades sociales corresponden a la *inteligencia emocional.* Pensemos qué talentos serían apreciados en quien deba pertenecer a un equipo, tener personas a cargo, seducir clientes, etc., la comprensión de los propios procesos mentales y de los otros es una clave de acceso imprescindible para insertarse en la dinámica vincular.

¿Qué es la Inteligencia Emocional?

La inteligencia emocional refiere a la capacidad de motivarnos a nosotros mismos, tolerar la frustración de un posible fracaso perseverando en el intento, posponer la gratificación, controlar los impulsos, la capacidad de empatizar, la posibilidad de lograr que la angustia no interfiera con nuestro raciocinio y poder confiar en los demás. Todo esto sucede cuando nuestras emociones están en equilibrio.

PRÁCTICA. Empatizando con nosotros mismos

- » Elegí alguna situación que te haya provocado una gran frustración en el pasado.
- » Hacé una lista, lo más completa posible de los elementos en juego.
- » Describí con todo detalle qué querías lograr y qué camino elegiste.
- » Explicá el resultado y tus conclusiones al respecto.
- » Retrospectivamente ¿cómo ves aquel escenario?
- » Mirando hacia atrás con los ojos de hoy, ¿obviaste alguna variable?
- » Hacé un registro de todas las acciones que podrías haber elegido.
- » ¿Hubieses podido hacer otra cosa?

Ahora, suavemente, cerrá los ojos y respirá profundo la cantidad de veces que te sean necesarias para serenarte. Dejate caer en el espacio interior más hondo, más abrigado, menos inquietante.

Desde este lugar, tratá de proyectar una imagen de esta última escena, minuciosamente descrita. Observá tu cara, tus gestos, tu actitud corporal; conectate con la frustración que irradia este ser humano sufriente. Envolvelo con amabilidad y ternura desde la claridad con que el presente te muestra aquello. Sé compasivo para que este ser deje de sufrir. Aquello ya pasó. Hay que curar la marca que dejó la experiencia. La memoria emocional graba a fuego el sufrimiento y no es el mejor legado del pasado.

CAPÍTULO VII

MINDFULNESS Y EMOCIONES

La práctica de Mindfulness regula el universo emocional. Diversos estudios muestran que, quienes practican Mindfulness, evidencian una menor actividad de la *amígdala* que, como ya hemos dicho, regula las emociones primarias; y, en quienes lo practican durante un tiempo prolongado, muestra una menor densidad.

Siempre se observó que las personas que meditan regularmente son más serenas, reflexivas, amables, que tienen una mirada más clara al abordar la realidad a diferencia de quienes no lo hacen. Pero no había una demostración concreta de los beneficios. Hay quien cree que la meditación es para personas exóticas o de búsquedas ajenas a la realidad. ¡Nada más equivocado! La práctica de atención plena es lo que posibilita zambullirnos conscientemente en la realidad *tal cual es,* superando todo aquello que funciona como un velo que empaña la mirada: recuerdos, fantasías, asociaciones que surgen espontáneamente ante un estímulo. En una mente clara, un dato de la realidad será observado el tiempo suficiente para leer en él todo su mensaje. En una mente itinerante, el estímulo dispara una catarata de respuestas automáticas que proviene de nuestro laberinto, con lo cual, ese dato quedará enlazado en una madeja subjetiva, habiendo perdido la impronta de lo nuevo.

Mindfulness es un antídoto contra los *pensamientos automáticos.* Todo lo automático es expresión de lo obsoleto, de lo aprendido en otras circunstancias, que habrá sido funcional en aquel momento, pero lo que haya sido, *ya no está.*

Cuando nuestras emociones están desajustadas, tenemos "pocas pilas", escasa tolerancia a la frustración, actitudes infantiles: impulsividad, dificultades para ponernos en el lugar del otro, egocentrismo, abandono de las metas a la menor dificultad.

No siempre encontramos las palabras para describir la plenitud que sentimos en los momentos de paz inmensas. Seamos amables con nosotros mismos, todo es transitorio, la paz y el caos. Como dicen los orientales "esto también pasará".

Quizá la medida humana para la paz del espíritu, sea *una tendencia a...*

Podríamos pensar algunas corrientes de pensamiento para comprender cómo han sido impuestos distintos modelos de estar en el mundo, según lo que se espere del ser humano. Esta frase encierra la trampa: "lo que se espere". ¿Cómo se puede hacer una elección de vida consciente, si hay un cerrojo sobre la libertad individual?

La sociedad no está fuera de las modas. En el tiempo del furor del existencialismo, la melancolía era la manera de ser de vanguardia. El escepticismo era el rey y cualquier viento optimista o esperanzador, era tomado como un rastro de infancia social. El pensamiento crítico instaló un modo de ser racional y lo que no pudiese ser penetrado por la razón, era descartado por sospechoso. El esfuerzo estaba puesto en ser reflexivo.

En las religiones masivas, como contrapartida a la híperracionalidad, la virtud es ser una persona de fe. Quien no haya sido bendecido con esa gracia debe buscar caminos para lograrla. El mapa está dibujado desde el inicio con tinta indeleble. Hay un gran corsé que es el dogma. Una vez más, la mirada está puesta en lo que hay que ser. La meta por fuera de la persona. Y en ese punto de llegada estaría la paz. "La paz" planteada casi como un lugar geográfico inamovible. Por la inexistencia del objetivo, la angustia se constituye en una emoción omnipresente e ineludible. Los mandatos son representantes de la historia y descentran a la persona, haciéndola oscilar entre esa voz pretérita que marca el rumbo y un futuro que alberga el premio al que se aspira. El presente es solo un puente inhabitado entre dos temporalidades. "Un hombre creyente" tendrá un lugar en el Reino de los Cielos y gozará de la gloria eterna, que no estaría en este presente alfombrado de espinas.

Las corrientes místicas orientales, con el complejo abanico de deidades y explicaciones, fueron impregnando por goteo su espiritualidad inmanente. El devenir se hizo más amable porque el dios castigador se disolvió en sonrisas y reverencias en una deidad que habita al ser humano. El concepto de karma como principio de acción-reacción trajo la obligación de ser bueno, para no reencarnar en una cucaracha. El peso de la cultura cayó sobre la pluma de quien acaba de escribir la última frase: la cucaracha sería ser despreciable *per se*. Está escrito. Una vez más hay-algo-que-hay-que-ser y que es-lo que-uno-no-es. Aunque parezca un juego de palabras es así. ¿Cómo se hace para "ser bueno"? El humo de los sahumerios, la música, la repetición de mantras ¿logran que una persona sea más buena? El clima, la estética y la emocionalidad que reina en un recinto hinduista es más cálido que el de una catedral medieval, pero sigue siendo un sonajero que confunde las formas con el fondo. ¿Se necesitará una escenografía para ser *conscientes de ser*?

Por casualidad, estaba de viaje en Tailandia en octubre de 2016, cuando murió el Rey Bhumibol, quien ocupó el trono durante 70 años. Por esta circunstancia pude presenciar ceremonias que parecían sacadas de una película. Los templos, magníficos, estaban poblados de monjes de túnicas naranja de todas las edades. Aunque no pude entender una sola palabra, la emoción del ambiente se podía tocar con la mano. Los cantos llenaban la estancia y yo, que era totalmente ajena, estuve a punto de llorar varias veces. Nadie me impedía caminar por el lugar, pero estaba clavada en el piso, casi detrás de una columna. El ritual tenía diferentes partes y no tenía idea si en algún momento terminaría. Después de mucho tiempo, empecé a caminar sigilosamente hacia la puerta. Los monjes de mayor edad ocupaban las primeras filas y hacia atrás estaban los de menor edad.

Cuando pude salir, fue como escapar de una película de magia oriental. Casi escondido de las miradas, apretado en el hueco de la pared exterior, estaba un monje muy joven que había salido delante de mí. Pasé muy cerca y vi que mandaba mensajes con el celular. Me enterneció casi más que la pomposa ceremonia que acaba de presenciar. Me quedé pesando que quizá nunca había estado dentro del templo, aunque hubiese dejado su cuerpo. Era un niño tratando de ser monje.

Hace unos años irrumpió un movimiento que revolucionó ciertos estratos de la sociedad con la psicología positiva, ejercida por psicólogos, *coaches* y personas de buena voluntad que intentan convencer al atribulado y exigido hombre de hoy que "hay que ser feliz".

La psicología positiva es una ciencia que enfatiza la comprensión y la construcción de las cualidades más positivas del individuo como el optimismo, el coraje, la ética del trabajo, la habilidad interpersonal, la capacidad de experimentar placer y la responsabilidad social.

Seligman, 1998

Esto sería como empezar un camino desde la llegada y avanzar hacia atrás.

Estas cualidades de signo positivo aparecen de manera natural cuando determinadas condiciones internas producen una activación de la zona frontal izquierda del cerebro que determina ese resultado. No al revés. Trabajar para construir cualidades positivas es armar una máscara que no será más que una corteza que tapa lo que genuinamente hay.

Las imposiciones producen disociación; la persona se aferra al aspecto luminoso y el opuesto es marginado. Ese aspecto rechazado no puede morir, ya que es constitutivo de la persona; queda entonces operando en las sombras y produciendo sufrimiento.

Al respecto, escribí este artículo:

¡NO ME OBLIGUES A SER FELIZ!

En un medio que endiosa al éxito bajo todas sus formas, confesar algunas verdades equivale a pecado mortal. Por ejemplo decir: "no soy feliz", donde "ser feliz" es un estado estático que condena al hombre a "sonrisa perpetua", estaqueándolo en la cúspide de una pirámide emocional insostenible por ficticia. Quizá sea más seguro estar despierto en una tormenta real que dormir en sus brazos sin atreverse a mirarla a la cara.

Vencer el miedo a ver la vida tal cual es quizá nos permita ver que la tormenta no es "tan tormenta", que el curso natural de las cosas va de la mano con la imprevisibilidad del instante siguiente, y que esto no es ni bueno ni malo: es.

Ante la incertidumbre de una realidad inaprehensible, suele aparecer el antídoto universal: "yo quiero ser feliz", a veces murmurado con timidez y otras con la soberbia de la desesperación de alguien a quien se le está negando un derecho adquirido genéticamente.

En las vísperas de cada Año Nuevo se suele hacer la lista de los pedidos, como si la necesidad legitimara la demanda. Y, como un chico que le pide a Papá Noel, se espera que la providencia concrete la magia.

Hace muchos años que dejé de pedir "yo quiero ser feliz", porque además de no lograrlo, jamás encontré luego el buzón de quejas, hasta que comprendí que no había presentado ningún sobre para ninguna licitación, por lo cual mi oficina de reclamos estaba en la tierra de nadie. No había ningún proyecto ni plan de puesta en marcha, había un pedido al universo (frase que también circula confiando en su eficacia).

Abandoné la idea de la felicidad por estar vacía de contenido y no es que no quiera ser feliz, es que generalmente ¡no sé cómo hacerlo!; entonces quedo a la espera de que la vida "me sorprenda", que algún correo privado deje en mi puerta el paquete de la alegría con el contenido que el Destino haya elegido para mí.

Mi vida podrá no ser gran cosa para los otros, pero en lo personal es la única que tengo.

Por todo esto, al cosmos ya no le pido la gracia de la felicidad. ¿Sabés que quiero? Una vida elegida conscientemente, talento para discernir, fortaleza para construirla, disciplina férrea para sostenerme, habilidad de hacer alguna trampa sin caer en la obviedad de la culpa, humildad para cambiar el curso si un camino se me niega, tolerancia para soportar mis dudas y serenidad para aceptar el resultado. ¿Demasiadas cosas? Sí. Y un poco más, pido humildad para aceptar el fracaso, la misma humildad si resultó un éxito y madurez para no quedar adherida a su recuerdo.

Por eso no pido felicidad, ¡y no esperen que disimule! Quiero elegir a conciencia y estar a la altura de lo elegido. Todo lo demás… va y viene.

UNA EXPERIENCIA INTERESANTE. ENTRENAMIENTO EN REDUCCIÓN DE ESTRÉS BASADO EN ATENCIÓN PLENA

En la Universidad de Wisconsin se hizo esta investigación para probar el efecto de la meditación sobre la respuesta del cerebro al estrés y del sistema inmunitario. En primer término se sometió a los voluntarios a una batería de pruebas para determinar su punto de partida en diferentes aspectos de su funcionamiento cerebral mientras eran expuestos a estímulos emocionales en forma de tareas placenteras o estresantes.

Al azar, se asignó a las personas a dos grupos, siendo que unos empezaron el entrenamiento en otoño y el resto debió esperar 8 semanas, hasta la primavera. Al final del otoño y 4 meses más tarde también, todos debieron someterse a las mismas pruebas. Solo entonces los del grupo primavera comenzaron su entrenamiento.

Recordemos que la corteza, la parte del cerebro que evolucionó más tarde, está implicada en todas las capacidades de funcionamiento emocional y cognitivo de orden superior y posee dos hemisferios: derecho e izquierdo. Se ha determinado que en la expresión de emociones existe una asimetría entre ambos hemisferios. La activación de la corteza frontal izquierda corresponde a emociones positivas: alegría, felicidad, entusiasmo, mientras que la activación de la misma zona derecha corresponde a emociones difíciles y perturbadoras. Además, la activación del córtex frontal derecho corresponde a conductas de evitación. La activación del lado izquierdo corresponde a conductas de aproximación, asociado a respuestas placenteras. Aproximación y evitación son dos rasgos profundos y esenciales para la vida. Pensemos un instante cuántas veces quedamos secuestrados por nuestras emociones, y esto depende de la interpretación que hayamos hecho de los eventos de la vida. Ante un estímulo percibido como amenazante, nuestra respuesta será la evitación, porque la evitación garantiza la supervivencia. En cambio si algo se nos aparece como placentero, tenderemos a acercarnos y a perpetuar la cercanía.

Volviendo a la investigación, antes del entrenamiento en atención plena no había diferencia en las reacciones entre ambos grupos. Al cabo de 8 semanas, el grupo de meditadores empezó a mostrar mayor activación de la corteza izquierda. Y esta mayor activación frontal izquierda se mantenía tanto en situaciones de descanso como en enfrentamiento de situaciones estresantes, o sea una tendencia a emociones positivas y un procesamiento más eficaz de las emociones difíciles en situaciones estresantes. Esto demuestra que el ajuste emocional no está predeterminado sino que puede modificarse gracias al cultivo de la atención. Además, el grupo de meditadores manifestaba sentir menos ansiedad y menos síntomas físicos y psicológicos derivados del estrés. Al terminar el programa, todos fueron vacunados contra la gripe. Cuando se evaluaron los resultados se descubrió que, quienes mayor cambio cerebral (derecho-izquierdo) habían demostrado en la prueba, también tuvieron mayor respuesta del sistema inmune. El mismo estudio referido a cambios del cerebro se realizó con lamas tibetanos. Y se observaron los mismos resultados, aunque con mayor intensidad.

En este mismo laboratorio se afirmó que Matthieu Ricard es la persona más feliz del mundo, según los resultados arrojados por las pruebas. Ricard, científico francés, hoy monje zen, vive en un monasterio dedicado a una labor social magnífica con niños carenciados, no tiene casa propia y, según sus mismas declaraciones, solo tiene dos pares de zapatos: unos para usar afuera y otros dentro del templo. Durante las pruebas y en pleno estado de atención, mostró una actividad inusitada de ondas gama que son las que aparecen en los procesos creativos.

Todo esto nos tendría que hacer reflexionar profundamente sobre el beneficio psíquico y físico de esta práctica. El entrenamiento en *atención plena* puede afectar los circuitos neuronales responsables del procesamiento emocional cerebral, al tiempo que pone de manifiesto la gran *neuroplasticidad* del cerebro en respuesta a la experiencia y el entrenamiento.

> *La práctica de la atención plena puede librarnos de nuestras identificaciones con emociones destructivas y desarrollar una inteligencia y un equilibrio emocional que aumente, en suma, nuestra felicidad.*
> *La Práctica de la ATENCIÓN PLENA.* Jon Kabat-Zin

LA MEMORIA EMOCIONAL

El *hipocampo* registra los hechos y la *amígdala*, el clima emocional.

El cerebro tiene dos sistemas de registro: uno para hechos ordinarios y otro para los hechos con carga emocional intensa. ¿Qué utiliza para grabar estos últimos? Los mismos sistemas de alarma neuroquímica que se ponen en marcha para atacar o huir se disparan en situaciones de peligro, también graban en la memoria los hechos con alto voltaje emocional.

En situaciones de tensión, una catarata hormonal (adrenalina y noradrenalina) activa al cerebro para reforzar la memoria de lo ocurrido. La *amígdala* es la protagonista de este escenario.

El problema es que a veces este mecanismo utilizado en el pasado, y guardado como eficaz, pasó de moda. El hombre de hoy reacciona ante un estímulo corriente con la misma activación que el hombre de la antigüedad ante una fiera.

La amígdala recibe un dato de la realidad y la compara con hechos pasados utilizando un método asociativo, tomando unos pocos datos de los hechos presentes, y despliega respuestas grabadas mucho tiempo atrás, desajustadas a esta nueva realidad. Así se entiende que, por ejemplo, al quedar atrapados en un corte de ruta, nos invada una efervescencia tal como para salir a luchar cuerpo a cuerpo contra un enemigo poderoso o a huir para salvar el pellejo.

EL APRENDIZAJE EMOCIONAL

Una persona, en los primeros años de vida, fundamentales en el aprendizaje emocional tiene la dificultad de que, quien cataloga y archiva, es un ser con herramientas rudimentarias para hacer una ajustada comprensión de las situaciones y que todavía no dispone de la mediación del lenguaje. En términos corrientes diríamos que lo siente "en las tripas". Quien haya tenido niños cerca sabe que *misteriosamente* tienen fiebre si los papás discuten o vomitan el día que mamá vuelve a trabajar después de una licencia. La verdad, de cualquier orden, no se puede esconder; siempre sabemos mucho más de lo que creemos. ¿Por qué? Porque en la evolución de la especie, la emoción fue primero.

El hombre primitivo salía a cazar para alimentar a los niños y las mujeres. Estas quedaban en rueda al cuidado de los niños y el fuego. Por eso los hombres aun hoy tienen mayor agudeza visual y las mujeres mejor vista panorámica.

Las mujeres tuvieron que aprender a descodificar los gestos de sus hijos, su llanto, todo el lenguaje no verbal, ¡porque el lenguaje todavía no se había desarrollado! Por las mujeres nos hemos hecho expertas en interpretar aquello que no está dicho.

Un ejemplo de lo que *sabemos y no sabemos saber:* en psicología sistémica (que mayormente se aplica en terapia familiar), se habla de *mensajes esquizofrenizantes.* Esto refiere a cuando hay un mensaje explícito, pero lo que subyace conlleva otro contenido, ¿mensaje enloquecedor? ¡Sí!

REPASEMOS UN POCO DE FISIOLOGÍA

El *cerebro límbico,* el centro de nuestras emociones, tiene 200 millones de años de evolución. El *neocórtex,* especializado en el habla, la memoria y las funciones ejecutivas, tiene apenas ¡100 mil años! Si pensamos que los organismos multicelulares datan de 650 millones de años y nuestro cerebro *reptiliano* (compartido con nuestros tatarabuelos lagartos) que regula las funciones centrales: respiración, sueño, despertar, ritmo cardíaco, tiene 200 millones, veremos que la corteza cerebral llegó ¡esta mañana!

El *lóbulo frontal* se vincula con la personalidad, las normas, la ética, la toma de decisiones, la interacción social. Todas las decisiones de nuestra vida están propulsadas a emoción. El lóbulo frontal es quien convierte los impulsos en conductas elaboradas. Es el que puede ponerle rienda corta a un pura sangre. Regular las emociones no significa adormecerlas, sino que su potencia se ponga al servicio de construcciones beneficiosas.

Un caballo desbocado pone en peligro a quien lo monta y a quien está cerca, un caballo adormecido no es riesgoso, pero es ineficiente.

Las emociones nos traen datos importantes de nuestra vida psíquica; es imprescindible que comprendamos su lenguaje.

El impulso va a brotar, rugir, querer hacer escuchar su voz. Ante esta impronta, hay dos opciones: una, es tener una reacción inmediata, estímulo-amígdala-reacción. Esta es la *vía corta* de respuesta, la de emergencia, la que se pone en juego cuando brota espontáneamente, porque la situación exige una respuesta imperiosa. Otra vía de respuesta es la *vía larga:* estímulo-amígdala-corteza cerebral-respuesta. Es decir, la respuesta será mediatizada por todo lo que representa el lóbulo frontal: el sentido social, la ética, la reflexión profunda… la respuesta humana.

En una persona impulsiva, el lóbulo frontal no alcanza a poner freno a la impronta emocional. La búsqueda de satisfacción es inmediata, sin posibilidad de posponer la gratificación. La persona tiene "miopía de futuro", aun estando enterada de las consecuencias de su accionar, no puede posponer su reacción. Todos estos conceptos los vierte el Dr. Facundo Manes en sus conferencias con claridad inigualable.

El "incendio" de la emoción dura 90 segundos, ¡un minuto y medio! La práctica de Mindfulness brinda la serenidad suficiente para poder sobrellevar ese minuto y medio y elaborar una respuesta que no nos cause más problemas, que no ofenda, que no lastime, que no nos arriesgue en vano.

> *Si de verdad queremos sanar el mundo no solo en beneficio propio, sino en beneficio también de generaciones venideras, debemos aprender, no solo de manera provisional, a poner nuestras múltiples inteligencias al servicio de la vida, la libertad y la búsqueda de la auténtica felicidad.*
>
> Conciencia Plena. Jon Kabat-Zinn

Dar rienda suelta a los impulsos nos reinserta en la Ley de la Selva, el triunfo del más fuerte. Hay algo llamado *impecabilidad de las acciones*: puedo esperarla de los otros, en tanto y en cuanto salgan mensajes de la misma calidad desde mí.

El Universo es una trama, cada quien teje su propio hilo, que es tanto propio como colectivo, ya que, en sentido último, todos somos parte del Todo, donde traspasando la *maya* de las formas, esencialmente somos idénticos. En distintos momentos de evolución, ejerciendo roles diferentes, pero idénticos. La evolución tracciona hacia arriba.

EL AMOR Y LA LOCURA

Cuentan que cierta vez se reunieron en un lugar de la tierra todos los sentimientos y cualidades de los hombres.

Cuando EL ABURRIMIENTO había bostezado por tercera vez, LA LOCURA, como siempre tan loca, les propuso: ¿Jugamos al escondite?

LA INTRIGA levantó la ceja intrigada y LA CURIOSIDAD, sin poder contenerse preguntó: ¿Al escondite? ¿Y cómo es eso?

Es un juego, explicó LA LOCURA, en que yo me tapo la cara y comienzo a contar desde uno hasta un millón mientras ustedes se esconden, y cuando yo haya terminado de contar, el primero de ustedes al que encuentre ocupará mi lugar para continuar el juego.

EL ENTUSIASMO bailó, secundado por LA EUFORIA.

LA ALEGRÍA dio tantos saltos que terminó por convencer a LA DUDA, e incluso a la APATÍA, a la que nunca interesaba nada.

Pero no todos quisieron participar, LA VERDAD prefirió no esconderse, ¿para qué? Si al final siempre la hallaban, la SOBERBIA opinó que era un juego muy tonto (en el fondo lo que le molestaba era que la idea no hubiese sido de ella) y LA COBARDIA prefirió no arriesgarse.

Uno, dos, tres... comenzó a contar LA LOCURA.

La primera en esconderse fue LA PEREZA, que como siempre, se dejó caer tras la primera piedra del camino.

La FE subió al cielo y LA ENVIDIA se escondió tras la sombra del TRIUNFO, que con su propio esfuerzo había logrado subir a la copa del árbol más alto.

LA GENEROSIDAD casi no alcanzaba a esconderse, cada sitio que hallaba le parecía maravilloso para alguno de sus amigos, que si un lago cristalino, ideal para LA BELLEZA, que si la rendija de un árbol, perfecto para LA TIMIDEZ, que si el vuelo de una ráfaga de viento, magnífico para LA LIBERTAD. Así terminó por ocultarse en un rayito de Sol.

EL EGOÍSMO, en cambio encontró un sitio muy bueno desde el principio, ventilado, cómodo, y para **él** solo.

LA MENTIRA se escondió en el fondo de los océanos (mentira, en realidad se escondió detrás del arcoíris) y LA PASIÓN Y EL DESEO, en el centro de los volcanes.

EL OLVIDO... se me olvidó donde se escondió, pero eso no es lo importante.

Cuando LA LOCURA contaba 999.999, EL AMOR aún no había encontrado sitio para esconderse, pues todo ya estaba ocupado, hasta que encontró un rosal y, enternecido, decidió esconderse entre sus flores.

Un millón, contó LA LOCURA y comenzó a buscar.

A la primera que encontró fue a LA PEREZA, solo a tres pasos de una piedra.

Después escuchó a LA FE discutiendo con DIOS en el cielo sobre teología y a LA PASIÓN y EL DESEO los sintió en el vibrar de los volcanes.

En un descuido encontró a LA ENVIDIA y claro, pudo deducir donde estaba EL TRIUNFO. AL EGOÍSMO no tuvo ni que buscarlo, el solito salió de su escondite, había resultado ser un nido de avispas.

De tanto caminar sintió sed, y al acercarse al lago descubrió a LA BELLEZA y con la DUDA resultó más fácil todavía pues la encontró sentada sobre una cerca sin decidir aún de qué lado esconderse.

Así fue encontrando a todos, AL TALENTO, entre la hierba fresca; a LA ANGUSTIA, en una oscura cueva; a LA MENTIRA, detrás del arcoíris (mentira, si ella estaba en el fondo del océano); y hasta AL OLVIDO, que ya se le había olvidado que estaban jugando al escondite; pero EL AMOR no aparecía por ningún sitio.

LA LOCURA buscó detrás de cada árbol, cada arroyuelo del planeta, en la cima de las montañas y cuando estaba por darse por vencida divisó un rosal, tomó una horquilla y comenzó a mover las ramas, entonces escuchó un doloroso grito. Las espinas habían herido en los ojos al AMOR; LA LOCURA no sabía qué hacer para disculparse, lloró, imploró, pidió perdón y hasta prometió ser su lazarillo.

Desde entonces, desde que por primera vez se jugó al escondite en la tierra, EL AMOR ES CIEGO Y LA LOCURA SIEMPRE LO ACOMPAÑA.

Esta fábula suele arrancar una sonrisa triste, cosechada a dolor y experiencia. Quien haya atravesado una gran pasión, conoce también el borde de la locura. ¿Será AMOR un sentimiento que nos hace asomar al precipicio? Quizá el amor profundo no tenga nada que ver con la posesión ni la locura.

Quizá el amor no sea un sentimiento, sino un estado de conciencia.

El *Rubayat* es un libro exquisito de Omar Kayyan, gran poeta persa, que vivió entre 1048 y 1131 de nuestra era.

¿Qué es el Mundo? Una parte pequeña del espacio.

¿Qué es la ciencia? Palabras.

¿Y qué son las naciones, las flores y las bestias? Sombras.

¿Y tus continuos, tus inquietos cuidados? Nada en la nada.

Se nos da un breve instante para gustar del agua en este ardiente páramo.

Ya el astro de la noche palidece.

La vida va a llegar a su término: el alba de la Nada.

Vamos, pues, date prisa.

¡Actúa con prudencia, viajero! Peligroso es el camino que transitas y afilada la daga del Destino.

No te hartes con las almendras dulces.

Contienen veneno.

Procede de forma que tu prójimo no se sienta humillado con tu sabiduría.

Domínate, domínate. Jamás te abandones a la ira.

Si quieres conquistar la paz definitiva,

sonríe al Destino que te azota y nunca azotes a nadie.

Confórmate en este mundo con pocos amigos.

No busques propiciar la simpatía que alguien te inspiró.

Antes de estrechar la mano de un hombre,

piensa si ella no ha de golpearte un día.

¡Cuán pobre el corazón que no sabe amar,

que no puede embriagarse de amor!

Si no amas, ¿cómo te explicas la luz enceguecedora del sol

y la más leve claridad que trae la luna?

¿CUÁL ES EL MENSAJE DE NUESTRAS EMOCIONES?

Exploremos dos emociones primarias que generalmente nos complican.

El miedo

El miedo es una emoción que nuestra cultura desprecia. Se suele calificar de "cobarde" a quien lo manifiesta y, si el protagonista es un hombre, se lo descalifica atribuyéndole características femeninas.

Las emociones no se producen en el vacío. Son una respuesta psicobiológica ante un estímulo. Una persona que tiene miedo, teme a algo. La magnitud de su miedo va a ser una expresión de lo vulnerable que se sienta ante esa amenaza. El miedo es una relación entre la amenaza y las herramientas que posea o crea poseer ante ese peligro. El miedo es un detector de asimetría, de falencias. En lugar de despreciarlo o esconderlo, tendríamos que darle la bienvenida y escuchar qué mensaje tiene para contarnos.

Todas las emociones son en contexto, por eso resulta tan difícil sino imposible, tratar de comprender o legislar sobre las emociones de los demás. Una mente serena dispone de un abanico de opciones a caminar en el aprendizaje de las herramientas para afrontar determinado peligro. Y si el miedo refiere a cuestiones que desbordan la capacidad humana, brindará la aceptación necesaria para aquello que no tiene solución.

La ira

La ira es una emoción que aparece cuando algo nos bloquea el camino hacia un objetivo. Nos planteamos un objetivo y comenzamos a avanzar hacia él en hechos o pensamientos. De pronto aparece un obstáculo a interponerse entre el objetivo y nosotros. Entonces, un incendio brota desde las tripas, es una energía indómita que nos impulsa a actuar. Esa explosión corresponde a la invasión hormonal que nos catapulta hacia adelante: adrenalina, noradrenalina y cortisol, que ponen al ejército en estado de alerta, para defender o atacar. Si obedecemos a nuestro impulso, probablemente terminemos destruyendo algo en la embestida: una opción, un vínculo, un objeto y en el peor de los casos a nosotros mismos, de golpe o artesanalmente.

Si pensamos esta emoción como un plus de energía, aparece la idea de funcionalidad. El obstáculo aparece como un impedimento ¿y si usamos esa energía para hacer algo eficaz con ese obstáculo?

Para este tipo de elaboración quizá tengamos que reflexionar acerca de nuestro deseo, nuestra meta y la viabilidad de obtenerla. En el camino habrá que prever cuáles podrían ser los inconvenientes y la relación posible entre el valor del objetivo, la inversión y el resultado. Explorar los distintos caminos y los posibles inconvenientes nos dará un ejercicio de reflexión como un patrón de equilibrio para evaluar las acciones. Y si algún obstáculo aparece, podremos reorganizar las fuerzas para elegir una conducta a seguir. Aunque le parezca imposible a algún temperamento explosivo, este modelo puede instalarse propiciando un contexto sereno para nuestras decisiones.

CAPÍTULO VIII

MINDFULNESS Y COMPASIÓN

Podría escribir ríos de palabras acerca de la teoría de Mindfulness. Las explicaciones solamente tienen como finalidad orientar la práctica y fundamentarla, pero Mindfulness es la vida en acción. Una técnica de meditación será muy útil para adentrarnos en el silencio, pero la vida no es en un lugar silencioso y con ojos cerrados. La práctica de la atención plena no es el libro, no es un discurso ni una promesa: es una manera de estar en el mundo.

Puedo contar y, de hecho lo hago, cuáles son los resultados, pero la intención no es el beneficio sino la consecuencia. No se practica la atención plena para fortalecer el sistema inmune, esto acontece.

La búsqueda condicionada a un fin desvirtuaría la esencia de Mindfulness, sería hacer "ahora" para lograr "mañana". La mente se proyectaría a ese mañana, con lo que estaría desenfocada del hoy. Y es en este "hoy" donde la vida se despliega.

La mente es un caballito desbocado, no es fácil tenerla serena y en el mismo lugar. La primera tentación es traerla a tirones. Ese intento va al fracaso seguro. Imaginemos que tuviésemos que educar a un niño. A gritos y amenazas, quizá logremos imponerle un determinado conocimiento, ¿pero a qué costo? ¿Qué vivencia tendrá del proceso de su aprendizaje?

Cualquier instancia de adquisición de conocimiento es solo una estación en la ruta y el tiempo irá desdibujando el contenido. Pero perdurará la vivencia convertida en patrón y se grabará un prejuicio: "estudiar es horrible, difícil, no es para mí, no sirvo para eso". Una mente serena podrá enfrentar cada situación como una experiencia única, sin teñirla de datos del pasado, ni como una mano abierta para atrapar al futuro.

Los inicios de la práctica de la atención plena pueden resultar tediosos. Los occidentales tenemos impresa la dinámica esfuerzo-resultado. Si el resultado esperado no llega, y puedo asegurar que por ese camino no llega, recurrimos a redoblar el esfuerzo. Pensemos este ejemplo: si sumergimos una mano en agua y tratamos de aprisionar aunque más no fuera un poco, no vamos a retener nada. Pero si la abrimos, y simplemente la dejamos estar, el agua la rodeará, y manos y agua podrán permanecer en contacto todo el tiempo que uno quiera. Aunque parezca un contrasentido, tendremos que hacer el esfuerzo de aprender a no esforzarnos.

La resistencia a sumergirnos en un estado contemplativo es la sensación de pérdida de control, de no estar operando sobre la realidad, ya que nuestra mente siempre está buscando en qué ocuparse.

Seguramente, en los primeros intentos de estar presentes, sintamos en un momento que estamos aquí y un instante después nos habremos ido de viaje. Es allí donde habrá que salir a pescar al alumno itinerante y traerlo suavemente al ruedo, al aquí y ahora. Una, cien o mil veces. No hay apuro, no hay llegada: se trata de ir desarrollando una actitud humilde y alegre de aprendiz.

Un cuento oriental relata esta historia:

LOS MONOS

Un aprendiz bastante soberbio se acercó cierto día a un maestro famoso por el vuelo espiritual que lograban sus seguidores y le dijo:

—Maestro, dediqué muchos años a recorrer el camino del conocimiento. Siento que estoy cerca de la iluminación. Le ruego que me permita estar a su lado el corto tiempo que necesito hasta convertirme en maestro. El anciano lo miró con ternura y contestó:

—Estarás conmigo con una condición: te retirarás a meditar hasta que salga la luna.

—¿Solo eso?

—Sí, solo eso. ¡Ah! Olvidaba una cosa, durante ese tiempo no podrás pensar en monos.

—¿En monos, maestro? ¿Y por qué habría de pensar en monos? El maestro sonrió amablemente.

—Solo eso. Los monos deben estar alejados de tu mente.

El muchacho se retiró sonriente, sabiendo que sin duda cumpliría la consigna.

Buscó un árbol en un lugar alejado y se sentó a la sombra. Cerró los ojos y cuando estaba deslizándose en la profundidad, irrumpió la imagen de un mono de pelaje blanco que lo sacó de su estado de concentración. Sobresaltado, abrió los ojos; intentó serenarse y volvió a cerrarlos decidido a permanecer en el silencio, contemplando al mono que seguía frente a él comiendo una banana. Apareció entonces un mono gris oscuro e intentó sacarle la banana al primero, que gentilmente se la cedió. Varios monos color celeste se acercaron a felicitar al animal generoso e hicieron una ronda a su alrededor. Al ver la fiesta, una multitud multicolor de monos se sumó a la algarabía generalizada, invitando al primer mono.

El aprendiz respiró profundo, con gentileza agradeció a los monos la enseñanza. Abrió los ojos, resignado, se acercó al maestro y, humildemente, le pidió ser su discípulo.

¿Vale la pena explicar quién es el maestro, el discípulo, los monos y el alboroto?

No se puede luchar, no tenemos con qué. Los monos siempre van a estar ahí. Con el tiempo, esos monos serán nuestros aliados, serán amables, gentiles.

> *La meditación consiste en aportar paz, alegría y armonía tanto para uno mismo como para los demás. "Detenerse" es una práctica básica de meditación. Para mantener fresca nuestra "calidad de flor", debemos aprender a desprendernos de nuestras preocupaciones, las ansiedades y la agitación y la tristeza para poder hallar la paz y la felicidad y sonreír de nuevo. Cuando las cosas no marchan bien, es bueno detenerse para impedir que las energías desagradables y destructivas sigan avanzando. Detenerse no significa reprimir, sino, ante todo, restable-*

cer la calma. Si queremos que el océano se calme, no
tiramos el agua, ya que sin agua desaparecerá.
(...) La respiración es la mejor manera de detenerse, de
calmar la infelicidad. La agitación, el miedo o la cólera.

Sintiendo la Paz. TichNhatHnan

La alegría es un buen termómetro. Si empieza a desaparecer, estamos errando el camino. Probablemente nos estemos esforzando demasiado y queramos medir logros. "Bien" o "mal" no tienen nada que ver con Mindfulness. El acento está en aquietar la mente. Eso se va logrando a la par que nuestra ansiedad empieza a descender, como si un mar encrespado por el oleaje comenzara a calmarse. Sigue siendo el mismo mar, no es otra cosa, pero adquiere otra manifestación. La meditación es un estado de nuestra mente, no es un lugar mágico al cual llegaremos como recompensa al mérito propio. Es en ese sentido que intento transmitir que no es un concurso, no hay bien, no hay mal, no hay juicio. Prescindiendo de la evaluación, de la comparación con el pasado o de las fantasías sobre el futuro, una suave pero consistente alegría empieza a sedimentar en nuestro interior. Es un estado de gratitud "porque sí", por estar vivos, por respirar, por contemplar el alrededor con la curiosidad de un niño, por sentirnos parte de un todo perfecto que no se altera con los vaivenes de las imperfecciones, porque es así: es totalidad.

En el todo, absolutamente todo lo que existe tiene su lugar. Nuestra mente separa, discrimina, aferra, expulsa provocando dolor a los otros o a nosotros mismos. Lo ¿bueno?, ¿malo?, lo que nos conviene, nos da placer, detestamos o nos amenaza, todo forma parte de la totalidad. ¿Dónde podría alojarse, si no?

Quizá pensemos esto por primera vez: todas las personas, pensamientos y emociones que consideramos amigas o enemigas y estamos codo a codo, nos sentamos a la misma mesa: no hay otro lugar adonde ir; este concepto a internalizar es el pilar fundante de la aceptación.

A medida que podamos estar presentes, todo lo que existe a nuestro alrededor empieza a aparecer, a tomar consistencia. Quizá nos sorprenda la jerarquía de hechos que estaban borrosos por mirarlos con nuestros ojos reales o mentales y contaminados de elementos ajenos a la experiencia.

Es en ese momento en que aparece el respeto por todo lo viviente y el sentimiento de compasión.

COMPASIÓN Y AUTOCOMPASIÓN

La compasión puede definirse como la capacidad de estar atento a la experiencia de los demás, desearles lo mejor y sentir lo que realmente les va a ser útil. Puede convertirse en una fuente de resiliencia, si permitimos que nuestro impulso natural a cuidar de otros pueda constituirse en una fuente de alimentación en lugar de agotamiento.

La palabra sacrificio proviene del latín *sacrum* + *facere*, es decir, hacer sagradas las cosas, honrarlas. Por el uso y la costumbre, nuestra cultura vincula este término al dolor. Desde la religión, llevamos al altar a quien "se sacrificó por nosotros", donde la trascendencia de su figura anuda el sacrificio a la altura de la divinidad.

En nuestra vida de simples mortales agregamos un plus de valor a "sacrificarnos por los demás". Nuestra cultura, en ese sentido, confunde la idea de amor con sacrificio. Un médico cumple su misión por amor, con responsabilidad, con compromiso, pero no como sacrificio. ¿Una madre cría a sus hijos "con sacrificio"? ¿Hay estudios o trabajos "sacrificados"? ¿No será más correcto decir con esfuerzo? Según el diccionario, esfuerzo es emplear fuerza física o moral con un fin determinado.

Estar presentes conlleva comprender la situación en la que estamos inmersos y encontrar la forma adecuada para describirla. Las palabras llevan la carga de la emoción asociada y quien la recibe, se impregna de ella. Con nuestro decir multiplicamos sentimientos positivos o negativos. Ser conscientes es también ser responsables de nuestras palabras y nuestros actos.

No hay diferencia entre compasión y autocompasión. Ambas incluyen la bondad, dejando de lado la autoexigencia. La bondad es proactiva, es consolarnos y arroparnos cuando estamos sufriendo, para sentirnos lo mejor posible en ese momento.

La autocompasión es diferente de la lástima, del "pobre de mí", que es egocéntrica, ubicándose en el centro de la escena, esperando la atención y el cuidado sobre sí. La lástima aísla, separa a la persona que necesita protagonismo.

La compasión se trata de abrirse a la "comunidad humana", en lugar del aislamiento. Teóricamente, todos nos sentimos seres humanos que respetamos a los otros como a nosotros mismos, que comprendemos sus necesidades y sus acciones. Sin embargo, cuando algún hecho nos contraría, es probable que estallemos, o que de una manera infantil nos preguntemos ¿por qué a mí?, como si fuéramos la única persona que tiene problemas o está pasando por una situación difícil. En ese momento, nos sentimos solos, aislados. Y empezamos a sentir que las cosas están mal. Y esa es una manera casi irracional de ver la situación. Nadie dijo que a nosotros, por ser nosotros, todo tendría que resultarnos perfecto, como si en un mundo turbulento como el nuestro, fuésemos intocables. Cuántas veces escuchamos "esta no es la vida que quería para mí". Ese sentimiento de querer estar en una posición diferente del resto nos separa, nos deja solos y eso nos hace vulnerables. Es fundamental darnos cuenta que la experiencia humana tienen que ver con que vivimos con otros que también sufren, necesitan y les pasan las mismas cosas que a nosotros. *Nada ha ido mal*. Es doloroso, pero es natural. Es en este contexto donde toma importancia la conciencia plena. Es muy importante darse cuenta del propio sufrimiento y poder aceptarlo. Es la única manera de hacer las paces, de ofrecernos el cuidado y el apoyo que estamos necesitando. No hay manera de deshacernos del dolor.

El autosufrimiento no es fácil de llevar. Quizá una de las maneras más crueles sea el autojuicio: "no soy lo suficientemente bueno, inteligente; o, siempre arruino todo". Este mecanismo suele estar tan instalado que ni siquiera reparamos en él y en el personaje interno acusador que nos señala con el dedo "fuiste vos, no yo". Quizá la manera rápida de desentendernos del problema sea decir: "no es para tanto, ya se me va a pasar". Pero la respuesta tendría que ser: "*sí* es para tanto y por este camino *no* se me va a pasar".

Uno de los problemas de la autocompasión es que la confundimos con la autolástima. La experiencia humana es dura para todos. La atención plena nos hace ser conscientes de nuestro sufrimiento, lo observamos tal cual es, no lo ignoramos ni lo exageramos.

¿Es inútil la autocrítica? En absoluto, si nos referimos a una actitud sana de reflexión constructiva, saludable y bondadosa. La crítica destructiva es el juicio global "no soy bueno, soy inútil". La autocompasión apunta a los hechos específicos, a eso que pasó exactamente en ese momento. A veces aparece la pregunta: ¿si me concedo todo los que deseo, no haré de mi vida un descontrol que me acarreará más dolor?

La autocompasión no significa decir a todo que sí como si fuéramos un niño en una heladería. Justamente con todo nuestro amor, pondríamos un límite, sabiendo que la falta de medida traería un daño a su salud. Ver los errores y poder aceptarlos trae la posibilidad de aprender de ellos, ya que no es psicológicamente condenable tenerlos. Tuvimos, tenemos y tendremos errores y con ello habrá que convivir.

Muchas personas rechazan la autocompasión porque creen que el rigor es necesario para lograr las metas propuestas. "Hay que ser duro consigo mismo". Nuestra cultura tiene muy arraigada la idea del látigo ligada al aprendizaje: "la letra con sangre entra". Si el nivel de autoexigencia es muy alto, la meta siempre estará a unos pasos (o kilómetros) de lo logrado, se irá corriendo como la zanahoria delante del caballo. Cómo el objetivo nunca será alcanzado, el dolor se perpetúa ligado a la idea de no ser lo suficientemente buenos.

Un ejemplo bastante corriente es que un hijo que muestra una buena calificación escolar obtenga como respuesta un "es tu obligación", expresada a veces de manera más sutil, pero encerrando el mismo concepto, por ejemplo: "me causa mucha alegría que no necesites trabajar y puedas dedicarte solamente al estudio". O sea, "el logro es tuyo, pero el sacrificio es mío".

La autocrítica nos vuelve temerosos, nos hace perder la fe en nosotros mismos y nos roba la confianza para emprender nuevas tareas.

La autoconfianza o la confianza autopercibida es un factor clave en la motivación. La atención plena enfrenta al individuo a una realidad: las cosas pueden salir bien o no, y no es mejor o peor ganar o perder. Ser querible no debiera ser una variable sujeta al éxito o al fracaso. Veremos la compasión en acción cuando estemos frente a quien se ha equivocado tremendamente y nuestro afecto no se vea resquebrajado, aun reconociendo la gravedad de una falta.

Por alguna razón, creemos que ser duros es más efectivo que ser compasivos y alentadores. Con matices, así ha sido mi crianza. Fui educada en un colegio religioso y no recuerdo sonrisas ni gestos de cariño por parte de las monjas. El sentimiento imperante era el miedo. Ya en mi vida adulta estuve muy enojada con el recuerdo de esas mujeres que no fueron capaces de arropar con ternura a un grupo de nenas asustadas. Tuvo que correr mucha agua debajo de mi puente para que yo pudiera sentir compasión por ellas, reconocer que eran seres humanos solos, alejados de sus afectos y bajo la amenaza de un dios castigador, atento al menor pecado para caer con todo el peso de su terrible ley. ¡Pobre Dios! ¡Las cosas que se han hecho en su nombre!

La sociedad, las mil vicisitudes de la vida corriente y el estrés que conlleva hacen que no siempre podamos tener la vida que quisiéramos. Aparece entonces la autocrítica como un mecanismo de control: "con un poco más de esfuerzo se puede lograr". Como difícilmente eso suceda, el mecanismo se rigidiza, habrá que aplicar un poco más de esfuerzo para controlar esta situación que no se deja vencer. Muchas veces, la tensión de la autoexigencia hace que la persona sea menos asertiva, con lo cual, la mirada de reprobación será cada vez mayor.

La autocompasión requiere de la autoaceptación: "me quiero y acepto tal como soy". ¿Ser autocompasivo es ser autocomplaciente? En absoluto, es motivarse deseándose bienestar y salud.

MATTHIEU RICARD: la alquimia entre un doctor en biología francés y un monje budista.

Matthieu Ricard es un inspirado monje que nos acerca conceptos budistas en comprensible lenguaje occidental. Explica que la meditación, tanto en su raíz en sánscrito como en tibetano, remite a cultivar una atención enfocada, la inteligencia emocional, la bondad, la paz y la libertad interior.

Nos explica cómo funciona la mente. De pronto irrumpe un pensamiento que nos perturba, lo enfocamos y mantenemos vigente, con lo cual lo hacemos crecer y ocupar todo el espacio. Estamos acostumbrados a contactar con ideas intrusas perturbadoras porque la realidad continuamente nos bombardea con elementos inquietantes. Mantenerlas en la mira, presentes, es nuestra fantasía de tenerlas controladas. Todos conocemos, aunque sea por un instante, un amor inmenso por un niño, u otra persona y deseamos que sea feliz, sano, que brille, que no sufra. Ese momento en el que sentimos que el sentimiento nos posee probablemente dure segundos, porque algo aparece y rompe el encanto.

Dedicamos mucho tiempo a tratar de crecer en el estudio o el trabajo, ¿podemos pensar que esas cualidades como la bondad, el amor o la compasión podrán desarrollarse plenamente sin hacer nada? ¿Por qué no dejar crecer ese sentimiento magnífico y que llene todo nuestro espacio mental? Y si se hundiese, reflotarlo hasta que ocupe todo átomo de la otra persona y de uno mismo. ¿Podremos trabajar para acrecentar ese amor y hacerlo más persistente? Si podemos sentir ese amor por ese niño, ¿por qué no por otros niños? ¿Por qué no por todos los seres vivos? Todos es "todos". No es "todos, excepto…".

Ante este tipo de propuesta suele aparecer el siguiente razonamiento: "no me pidan que ame a seres que dañan". Quizá la respuesta sería mirarlo con la benevolencia que un médico dispensa a una persona enferma y a quien se desea que se cure de eso que los hace lastimar a los demás. Nosotros no tenemos dos corazones, tenemos o no tenemos corazón.

En mayo de 2015, tuve el regalo de la vida: me invitaron a una conferencia que Matthieu Ricard daba en el Malba, y ¡en la primera fila! No tengo palabras para transmitir lo que irradia. Mi imagen de un monje budista es una persona flaca, de expresión impenetrable y hablando en tono monocorde (por no decir aburrida, que sería una absoluta falta de respeto). Tuve a pocos metros de distancia a un hombre luminoso, de complexión fornida, vital, sonriente, que no dijo ni una palabra de más ni de menos.

Esta fue su propuesta:

PRÁCTICA. La bondad amorosa y la compasión

Procuremos un lugar silencioso fuera y dentro de nosotros. En ese vacío profundo, dejemos surgir la imagen de una persona por la cual sintamos amor incondicional y que ese sentimiento se expanda hasta llenarnos por completo y vaya envolviendo a la otra persona con el mismo esplendor. Permitamos que la impregne de la misma manera. Cuando sintamos pleno agradecimiento porque la vida nos ha encontrado, cuando nuestro corazón irradie todo el amor que somos capaces de sentir, convoquemos a otras personas que conozcamos y por las cuales tengamos afecto sincero. Dejemos crecer nuestra energía hasta sentir que todos somos parte de lo mismo. Ir sumando personas, hasta invitar a aquellas por las cuales tengamos rechazo. Y no nos detengamos hasta estar conscientes de hacerlas participar de la misma bondad amorosa y de la misma compasión.

El amor, la compasión y la gratitud son sentimientos demasiado valiosos para dejar librada al azar su aparición en nuestras vidas.

Plasmé de esta manera, los conceptos fundamentales de la conferencia de Matthieu Ricard:

ALTRUISMO: Sabiduría y altruismo son inseparables. Los momentos más importantes de la vida están relacionados con los demás.

MEDITAR EN EL AMOR Y LA COMPASIÓN produce una actividad cerebral mayor que en otro tipo de meditación.

AMOR: Resonancia positiva con otra persona. Emoción suprema que cambia la realidad. La realidad es interdependiente.

NUESTRA FELICIDAD Y SUFRIMIENTO están directamente relacionados con la felicidad y sufrimiento de los demás.

SI NUESTRAS METAS SON EGOÍSTAS en poco tiempo nos quedaremos sin metas.

LA TIERRA es severamente dañada por nuestra ceguera. En breve van a desaparecer el treinta por ciento de las especies. Será otro movimiento de extinción: en la anterior se extinguieron los dinosaurios.

KARUNA-SHECHEN: es la organización humanitaria que impulsa Matthieu Ricard; compasión en acción.

MUCHA GENTE viene a Nepal y me cuenta: "Medito a la mañana, al mediodía y a la noche y siento tal y cual cosa", y yo les digo: ¿Por qué no vienen a trabajar 15 días en una de nuestras clínicas y prueban a ver qué sienten?

LA FELICIDAD ES UN MODO DE VIDA, una conjunción de condiciones humanas básicas: fuerza interior, sabiduría, altruismo, coraje, aceptación de la realidad.

MEDITAR EN LA COMPASIÓN: observar la foto de un niño desamparado, llenar la mente de sentimientos benevolentes y luego expandirlos a otros seres.

PARA EMPEZAR A MEDITAR: el objeto de atención debe ser muy vívido; repetir por períodos cortos y de forma regular.

PLACER Y FELICIDAD: la ciencia sabe del placer, pero no de felicidad. La felicidad no es una sucesión de momentos de placer. El placer se agota.

LA FELICIDAD ES BIEN-ESTAR: estar bien es un estado del ser, no es vivir sin problemas; la felicidad nos da recursos para lidiar con los problemas. Por eso, aun dentro de situaciones terribles como el terremoto en Nepal, si reaccionamos con compasión, estaremos respondiendo de manera óptima. Esto no es incompatible con el bien-estar.

ÉXITO: poner el éxito en la belleza, el dinero y el poder nos separa de los otros.

ÉXITO: que nadie quede afuera de nuestro corazón.

¿PARA QUÉ PREOCUPARSE CON MENSAJES MATERIALISTAS, CON GANAR O PERDER? Uno tiene que hacer lo mejor que puede; si no perdemos la motivación y el coraje siempre estaremos en paz.

¿CÓMO SE LOGRA EL ALTRUISMO? ¡Haciendo! Mente, corazón y acción.

La felicidad

La felicidad no es una sucesión interminable de placeres que terminan por agotamiento, sino una forma de ser. ¿Se puede aprender a ser más buenos y felices? Las Neurociencias explican cómo se puede tener una mente más clara que nos ayude a sobrellevar las emociones negativas y cómo ser más altruista, más compasivo, más empático. Si logramos identificarnos con el que sufre, podremos ser más compasivos, desear que ese otro deje de sufrir y a su vez, desde el altruismo, buscar soluciones para encarar el dolor y su causa.

Matthieu Ricard es considerado el hombre más feliz del mundo. Fue sometido, junto con otros meditadores de largo tiempo, a una investigación con scanners cerebrales para medir las consecuencias de un tipo de meditación en el que se genera amor y compasión en estado puro, no orientado a nada ni a nadie en particular. Los estudios mostraron una actividad en el córtex prefrontal izquierdo, ligado a emociones positivas en valores desconocidos hasta ahora, mientras disminuía la actividad del córtex prefrontal derecho, como si la compasión fuese un antídoto contra la depresión. Se notó también un descenso en la actividad de la amígdala, relacionada al miedo y la ira.

Otros estudios mostraron en estos meditadores una mayor atención y que esta podía mantenerse durante un tiempo más prolongado.

A posteriori, la pregunta fue: ¿qué pasa con los meditadores novatos? Voluntarios de una empresa dedicaron treinta minutos por día a meditar durante un periodo de tres meses. A lo largo de ese tiempo tuvieron menos ansiedad y también se notó un incremento en la actividad del córtex prefrontal izquierdo, es decir, de sus emociones positivas.

Determinadas corrientes psicológicas ponen el acento en el yo y suponen que toda motivación corresponde a impulsos egoístas y que el altruismo genuino no existe. Por el contrario, el budismo afirma que existe un potencial para el bien que siempre está en la conciencia. ¿Por qué se refiere a la conciencia como luz? Porque si ilumina basura, muestra basura y si ilumina oro, muestra oro, pero no se convierte ni en basura ni en oro.

La naturaleza de la conciencia no está determinada; tiene el potencial de ir en cualquier dirección. Está detrás de cualquier pensamiento o de cualquier emoción.

Nuestro estado mental, el modo en que interpretamos las cosas, es lo que determina el estado de felicidad o bienestar interno. Creemos que cada imagen interna, bella o dolorosa, forma parte de nuestra naturaleza. Para los budistas, en cambio, esas imágenes son proyectadas en nuestra pantalla cerebral, pero no pertenecen a nuestra mente. Los meditadores pueden percibir lo que está detrás de esa pantalla. A esto lo denominan el "aspecto luminoso de la mente". Entrenarnos en fijar nuestra atención en dicha claridad evita que nuestras emociones y pensamientos nos arrastren. Si conseguimos modificar nuestra mente, podremos cambiar nuestro mundo interior.

La experiencia muestra que la meditación acarrea la libertad interior necesaria para sustituir emociones difíciles como odio, celos o arrogancia, con el altruismo y la compasión que surgen de esa libertad. Podremos entonces tener una sociedad compasiva, que es lo que la humanidad necesita. Las crisis mundiales, que se suceden unas a otras, son producto de la codicia. El altruismo es lo que podría cambiar el mundo. Habría que empezar por la educación, para formar seres humanos buenos, felices, equilibrados.

No podemos experimentar compasión por nosotros mismos como seres aislados; surge en relación con el otro, el dolor se mitiga en el vínculo con el otro.

El budismo considera que la naturaleza humana es compasiva, y parte de su entrenamiento mental está dirigido a fomentar esa emoción compleja. Ser compasivo se desprende de sentirse igual a todo lo que nos rodea. Esta idea es diferente a la idea occidental, donde tradicionalmente nos hemos sentido diferentes del resto de la naturaleza.

El budismo tiene como primera fase del conocimiento perfeccionar la atención.

No se puede cultivar el altruismo con la mente distraída. La mente no entrenada tiende a la dispersión y no puede conseguir los objetivos propuestos.

Además de meditar sobre la compasión, hemos de llevarla a la acción.

Matthieu Ricard

CAPÍTULO IX

MINDFULNESS Y CREATIVIDAD

¿Qué es el pensamiento productivo-creativo? Poder pensar cosas realmente nuevas.

¿Qué es el pensamiento reproductivo? Repetir las cosas que ya conocemos.

Para producir algo diferente, hay que producir ¡mucho!

Generar muchas ideas es un gran esfuerzo. Este camino no tiene nada de natural. Quizá nos guste imaginarnos con una "lamparita encendida" de manera permanente, lanzándonos a un futuro desconocido, con las manos llenas de herramientas recién inventadas para construir un mundo diferente. Nada más alejado.

Los cambios, tanto personales como colectivos, son un gran esfuerzo contra la ley de la naturaleza, que no disfruta de las sorpresas, todo lo contrario. Andar caminos desconocidos le es molesto, perturbador y obliga a invertir recursos.

El cerebro tiende a la entropía, es decir, a ahorrar energía por la eventualidad de necesitarla para las dos conductas básicas ante un estímulo incierto: ataque o huida. Cualquier acto creativo requiere de un proceso complejo, aunque no nos demos cuenta ni contabilicemos las etapas. Ponerse en marcha necesita de una inversión inicial. Por eso, cuando renunciamos antes de empezar, estamos obedeciendo a esa voz interna que nos dice que es tarde, que es temprano, que es lejos, que es cerca o cualquier excusa con tal de evitar el gasto.

CREATIVIDAD PASO A PASO

El proceso creativo se describe en cinco etapas:
1. Preparación
2. Incubación
3. Revelación o *insight*
4. Evaluación
5. Elaboración

1- Preparación

De manera consciente o inconsciente, nos sumergimos en un desafío a resolver o en un objetivo a alcanzar. Cuando algo despierta nuestra curiosidad, es importante tenerlo "dando vueltas en la cabeza", sin obsesionarnos con el tema forzando una respuesta, ni enterrándolo en las sombras de nuestra mente. Pero hay que tenerlo vigente.

2- Incubación

Por debajo del nivel consciente, las ideas empiezan a agitarse. Por momentos salen a la luz mostrando nuevas asociaciones, para volver a desaparecer del espectro de la conciencia. Para algunos estudiosos, esta es la parte más atractiva del proceso creativo, porque se desconoce su lógica, no hay acceso a esos lapsos misteriosos ni al acontecer entre las sombras. El proceso de incubación no tiene tiempo preestablecido: minutos... días... años...

3- Revelación o insight

Se puede llegar a esta instancia después de mucho tiempo de trabajo intenso. Cuando la mente está dispuesta, ¡eureka! Pero esto sucede luego de mucho cavilar. Estas revelaciones pueden ocurrir en cualquier momento, tal como lo describe Estanislao Bachrach en *Ágil Mente*, y cuando suceden, son recordadas con mucha emoción e intensidad. Es importante saber que, en la mente, nada aparece de forma casual. Se puede no ser consciente del proceso o elegir el contenido que queremos incorporar.

Imaginemos esta comparación: en nuestra computadora, de la cantidad infinita de material disponible de aquí y de allá, solamente archivamos lo que nos interesa y lo ordenamos en carpetas. ¿Qué pasaría si de manera automática se guardara todo aquello con lo que contactamos? ¿Quién podría encontrar algo relevante en semejante caos? La pregunta sería: si podemos tener una actitud racional con algo exterior a nosotros ¿por qué cargar nuestra mente de *spam*?

El proceso creativo va a acontecer si se dispone de contenido que puede ser enlazado, ya sea buscando una respuesta o no. También hay situaciones donde nadie se ha preguntado nada y de pronto aparecen la pregunta y la respuesta. Es decir, junto con la solución, ¡se descubrió un problema! Pero los ingredientes para la pregunta o la respuesta deben estar previamente incorporados.

4- Evaluación

En esta etapa analizamos si esta idea vale la pena de ser puesta en marcha. Como se trata de algo desconocido, suele sumergirnos en dudas. Acá afloran los prejuicios, la autocrítica, la supuestas opiniones de los demás. En esta etapa, las creencias, las emociones puestas en juego, tienen un rol fundamental. Quien tenga una autocrítica demasiado severa o se maneje en un medio muy prejuicioso, probablemente haga una evaluación negativa demasiado rápida, adjudicándole valor racional a un enjambre de emociones que dicen ¡no! El baúl de la abuela pesa demasiado, entre fotos sepia y polillas. Nos vamos dando cuenta de los obstáculos que acarrea andar con el pasado (y sus representantes) a cuestas.

Pero si la idea supera este mar agitado de oposiciones, comienza una etapa en general larga.

5- Elaboración

Esta es la etapa donde el genio creativo ha de convocar al obrero abnegado: ¡hay que trabajar! Tendremos que hacer todos los ajustes necesarios, modificaciones, tomar coraje, seducir a los demás. Es el tramo de transpiración, de subir un monte escarpado.

Estas etapas no se dan como las estaciones de tren, donde está determinada la distancia y el tiempo entre una y otra. Está muy lejos de ser lineal, hay altibajos, interrupciones, abandonos y reinicios. Los tramos suelen superponerse y cambiar el rumbo en algún estadio por la aparición de nuevos elementos. Muchas personas tienen estallidos muy creativos sin seguir ninguna secuencia. Pero esta es una manera simple de explicar un proceso complejo y, en algún sentido, secreto.

EL PROCESO CREATIVO

Para que este proceso encuentre en nosotros un terreno propicio, tenemos que asomarnos a una paradoja: hacer el esfuerzo de no esforzarnos. Dejar fluir los pensamientos sin juzgar, sin relacionarlos con experiencias previas, sin desechar ninguno por ridículo o inaplicable. Cuantas más ideas generemos, mayor posibilidad habrá de encontrar la perla negra. Esto parece sencillo, pero es bastante probable que, a poco de andar, estemos descartando ideas o iniciado algún recorrido de evaluación. Es muy interesante tomar este ejercicio como un juego. Apostar a la cantidad y no a la calidad. Después de todo, ¿quién puede decir que esta incipiente semilla de idea es buena o no? Al producir cantidad, veremos que las primeras de la lista son obvias, conocidas, practicadas una y mil veces, pero observaremos que a medida que insistimos, que presionamos a nuestro cerebro a transitar caminos vírgenes, las propuestas serán cada vez más arriesgadas y creativas.

PRÁCTICA ¿Y si jugamos a crear?

» ¿Hay alguna cuestión por la que sientas curiosidad?

» ¿Podrías describirla?

» ¿Hay alternativas a ese interés?

» ¿Hay ideas que hayas descartado?

Te propongo que, tomando los pasos del proceso anteriormente descrito, reflexiones sobre el lugar en el que te encuentres y juegues al inventor. A veces el peso de nuestra estructura cultural es tan fuerte que no nos deja volar ni siquiera jugando.

Para todo trabajo de autoconocimiento, hay que "jugar como un chico". ¿Cómo juegan los chicos? Seriamente, con compromiso pero con libertad. Un pequeño inventa un mundo y lo mueve a su antojo. A medida que va creciendo, aparecen los adultos. (¡Ay, con esa manía de dirigirlo todo!) Y aconsejan "esto se juega así, yo te ayudo, te explico, te…". La espontaneidad se va perdiendo en aras de "jugar bien".

La idea de "juguemos a crear" está en las antípodas. Hay que zambullirse, divertirse con la idea, volver una y otra vez. Si tomamos las prácticas a la ligera probablemente este libro no pase de ser uno más de la especialidad. El tiempo dedicado a experimentar es el sembradío de nuevas ideas.

A los pequeños hay que arrastrarlos fuera de los juegos, no hay nada más importante que eso, porque tienen la capacidad de *estar presentes*. A ese lugar hay que volver.

EL ROL DE LA EDUCACIÓN

Imaginemos por un instante que cada mañana al despertar tuviésemos que empezar de cero, sin conocimientos previos, en un mundo absolutamente desconocido, donde los que nos rodean se encontrasen en la misma situación que nosotros. La vida de cada uno no lograría tener desarrollo ni proyección, ya que los años se nos irían en cuestiones básicas de supervivencia y convivencia. Y si sumamos a esta fantasía la no menor cuestión de que el ser humano necesita el cuidado de los especímenes adultos durante años, hasta poder valerse por sí solo, bueno...

La cultura es una estructura funcional, es la historia de la humanidad sintetizada en las manos de nuestros cuidadores y adaptada a cada cultura. A ensayo y error, en un amplio pero ajustado marco de creencias, se fueron construyendo los patrones culturales: eso que nos transmiten con el nombre de *educación*. Este sistema de "verdades" nos hace consensuar en muchísimas cuestiones sin siquiera evaluarlas: si decimos que alguien es honesto, educado o trabajador, sabemos de qué estamos hablando. Aún en cuestiones en las que no concordamos, sabemos también cuáles son los puntos de nuestro disenso. Este corsé cultural nos protege, nos otorga sentido y permite la convivencia, entre otras cosas, pero a la vez nos limita.

La educación es la plataforma de lanzamiento de muchísimos logros, de la evolución cultural, pero también es la gestora de los prejuicios, la crítica propia y ajena, y del repertorio de reparos que anteponemos al contacto con lo nuevo. La voz de la cultura nos pone ante un consejo de ancianos de la tribu, que sentencia según las tradiciones, o sea, custodios del pasado.

Un nivel razonable de autocrítica es imprescindible para dar coherencia a nuestros sentimientos y pensamientos, y también para el ajuste de nuestras acciones con el contexto. Pero en demasía, es depredadora de talento y vuelo creativo. Un verdugo que ajusticia "por las dudas". La voz de la cultura es la guardiana de las tradiciones.

La censura suele funcionar como "censura previa", como una coartadora de pasos de un camino que todavía no se inició. Al suponer la crítica de los otros, las toma como un hecho y no como una posibilidad. Esa voz atribuida a un supuesto tribunal suele ser un espejo de los propios pensamientos.

PRÁCTICA. ¿Buscamos los propios fantasmas?

Planteate algún proyecto o "proyecto de proyecto".

» ¿Qué voces escuchás a favor?

» ¿Qué dicen?

» ¿De quiénes provienen?

» ¿Cuáles voces boicotean la idea?

» ¿Qué dicen?

» ¿De quiénes provienen?

» ¿Adherís a esas críticas?

» ¿Con qué argumento?

» ¿Cuál es tu frase más repetida para cortarte las alas?

Detenete unos minutos. Proponete mirar la problemática con ojos nuevos:

» ¿Cómo describirías la situación?

» ¿Qué puntos débiles observás en la idea?

» ¿Podrías modificar la forma de las críticas, transformándolas en ideas asociadas?

» ¿Cómo ves ahora la situación?

Probablemente descubras que las voces de la crítica corresponden a situaciones puntuales y viejas que ha universalizado el aprendizaje, y hoy las escuchás como sentencia cierta aplicable a cualquier hecho.

Aportes de la ciencia en la comprensión del proceso creativo

Hay estudios en el mundo que demuestran que más del 50% de los trabajadores hacen tareas que en algún orden se vinculan con la creatividad. Solemos pensar la creatividad en términos de arte, pero la realidad demuestra que en el mundo de los negocios la novedad llama la atención y esto se traduce en ganancias. Es decir, el proceso creativo es un motor en la creación de valor. Es por esto que muchísimas empresas entrenan a sus empleados en Mindfulness.

UN INQUIETANTE SILENCIO

¿Qué es un *impasse*?

Tendemos a pensar que el proceso creativo es un diseño perfecto y terminado del cual disponemos antes de encarar el desafío. En realidad todo empieza con una chispa que se va modificando en el proceso y va creciendo hasta llegar a la solución. En el camino van apareciendo obstáculos, lo que en Neurociencias se llama *impasse*. Esto sucede cuando de pronto aparece un obstáculo para el "deseo mental" del que habla Bachrach. Todos conocemos esa sensación de no poder recordar el nombre de un amigo o algo similar. Para superar estos bloqueos, hay que silenciar el córtex cerebral, donde se generan los pensamientos conscientes. ¿Se podrá?

Si bien hay personas que resuelven cuestiones por caminos lógicos, el 60% lo hace a través de *insights*.

LA IRRESISTIBLE SEDUCCIÓN DE LO NUEVO

¿Qué es un *insight*?

Son soluciones a las que llegamos de manera espontánea, sin mediar el camino racional. El proceso es inconsciente: de pronto, acontece. Una manera de boicotear la aparición de *insights* es buscar soluciones que fueron útiles en el pasado. ¿Por qué sucede esto? Porque para arriesgar por un terreno novedoso, habrá que invertir recursos, con la opción de ganancia 0. Entonces, el cerebro intenta ahorrar la energía que necesitaría en forzar la situación y nos "encaja" en un camino conocido, como una camioneta destartalada (propia), en medio del barro (ídem).

Las respuestas viejas impiden que las nuevas aparezcan y así nos quedamos empantanados sin vislumbrar una salida. La vieja no nos sirve y la nueva no aparece. ¿Cuántas veces nos encontramos inmersos en este pantano en situaciones laborales, vinculares o recetas político-económicas?

La manera de sortear este bloqueo es tomar un recreo. Dejar de insistir de manera consciente, de repasar continuamente el problema y las respuestas harto transitadas. Esto solamente hará aumentar la ansiedad, con lo cual estaremos más alejados aún de la solución.

Hoy se sabe cómo es el proceso. Instantes antes de la aparición de un *insight,* el cerebro parece estar muy tranquilo. Hay un aumento de las ondas cerebrales alpha en el lóbulo occipital derecho, región que procesa toda la información visual. Esta actividad cesa instantes antes de la aparición del *insight,* como si el cerebro buscara también cerrar la entrada de estímulos visuales. En ese preciso instante aparecen ondas gamma, que son las más rápidas, y se disparan al unísono conectando regiones aisladas del cerebro. Eso es un hecho creativo: la asociación de contenidos que ya teníamos pero no estaban ligados.

Un ejemplo simple: yerba + agua. ¿Qué es? ¡Un mate! (Hay ejemplos mejores).

Demasiadas veces pensamos que las ideas creativas se van a dar de casualidad. En cierta manera es cierto, el momento de la floración es casual, pero es el resultado de la preparación de la tierra, el sembrado, la minuciosa quita de maleza, el riego continuo, la fertilización, todas palabras que aplican a cualquier proceso amoroso.

En la alternancia del esfuerzo y la libertad está el secreto de una mente creativa. Hasta que esta dinámica se instale por sí misma, tendremos que aplicarnos a una fase y a la otra.

¿Puedo tener un *insight* a voluntad? No, pero como dije, puedo trabajar el terreno, sacar la maleza, airear la tierra, elegir las semillas, sembrar, regar. Y esperar que la Buena Tierra haga lo suyo.

Hay una historia simpática que grafica esta explicación: Elías Howe, pionero en el invento de la máquina de coser (aunque la creación fue de

Walter Hunt), llevaba mucho tiempo sin poder resolver el problema del enhebrado. La forma tradicional de que el hilo pasara por la parte opuesta a la punta, complicaba su funcionamiento. Una noche soñó que estaba rodeado por un grupo de indios cuyas lanzas tenían un agujero en la punta. ¡Eureka! Cuando despertó comprendió que el ojal debía estar en el extremo de la punta de la aguja. Problema resuelto para él y el invento.

Si yo hubiese tenido ese sueño, la interpretación hubiese sido otra que se correspondiera con mi vida, y no hubiese resultado en un invento que revolucionó el mundo del trabajo, porque el tema me era totalmente ajeno. En mi vida el enhebrado de una aguja no tiene mucho sentido. Howe tenía cargados todos los archivos para construir la máquina y estaba en un callejón sin salida, aparentemente. Tenía todo un bagaje de conocimientos. No *arribaba a la solución porque los datos del pasado, o sea, el lugar del ojal* por donde debía pasar el hilo, no le permitía imaginarlo en el otro extremo. Tuvo que correr de foco ese pensamiento para que su cerebro le regalara la respuesta. Ese sueño merece un aplauso a la creatividad.

Muchos creativos cuentan que las mejores ideas las tienen cuando no están pensando en nada. ¿Por qué? Porque durante el sueño, o cuando estamos despertando, o cuando estamos relajados, el cerebro tiene una actividad parecida a los momentos de creatividad. Aunque no estemos concentrados, el cerebro procesa intensamente toda la información que hayamos incorporado anteriormente. Pero nadie tiene una idea genial sin haber dedicado mucho tiempo de reflexión profunda al tema en cuestión. La creatividad tiene más que ver con la obsesión que con la intuición.

Después de haber juntado datos como un esclavo, el cerebro necesita vacaciones: cuando le damos un respiro aparece la novedad.

Lo creativo no es algo que sale de la nada, es una asociación de elementos que hasta ese momento no lo estaban. Hay dos caminos para resolver problemas: de manera lógica o de manera intuitiva. Cuando estamos concentrados, tratando de resolver una cuestión, no permitimos que el cerebro produzca esas nuevas asociaciones. Es por eso que la creatividad va de la mano de una mente serena. Para ser creativo hay que poner pasión, estar "un poco loco", ver las cuestiones de manera simple, atreverse, estar dispuesto a equivocarse y estar relajado. El "ser creativo" se estimula, se desarrolla, se entrena.

Mindfulness aporta calma, concentración, confianza, libertad: un campo fértil para un ser creativo.

MEDITACIÓN Y ONDAS GAMMA

Las personas que meditan asiduamente tienen muchas ondas gamma. l
Las que tienen dificultades de aprendizaje, pocas.

Una persona en coma o inconsciente, ninguna.

En el momento del *insight*, quien lo tiene se siente eufórico, lleno de energía. Pero este volcán neuroquímico dura poco, por lo cual ¡hay que ponerse rápidamente en marcha! De lo contrario, corremos el riesgo de que nuestros viejos patrones empiecen a invadirnos de dudas y críticas. Verán que la vida poco tiene que ver con el adormecimiento.

Es por eso que necesitamos una mente atenta, que pueda focalizarse y mantener la atención. De esta manera evitaremos que el hallazgo vuelva a perderse en un pajonal de recuerdos, prejuicios o críticas.

¿Quiénes tienen más *insights*? Las personas felices y las que tienen más contacto con sus procesos internos.

Por el contrario, en estados ansiosos, en el cerebro hay demasiada actividad como para ser escuchadas las sutiles señales que brotan de un cerebro tranquilo.

Mindfulness calma la mente, generando un campo propicio para la aparición de estas revelaciones. La práctica de silenciar la mente es un abre puertas a ese observador, dejando atrás al que nos boicotea con críticas, censura, juicios injustos, actualización de infortunios que ya pasaron. El observador es una instancia grata: muestra sin juzgar, no descarta nada, nos ofrece un tiempo amable para resolver, para cambiar el rumbo y para tolerar con ternura nuestros ¿errores? A esta altura la palabra "error" es casi impronunciable.

Una mente alborotada tiene pocas posibilidades de ser creativa. El tema que nos interese debe poder expresarse con claridad, siendo bastante difícil en medio del ruido.

En plena adolescencia, mi primer terapeuta, el Dr. Federico García Valdivieso, quien a esta altura de la vida debe estar aconsejando a un angelito desplumado que las hilachas le quedan muy bien (¡así de sabio era!), me convidó con esta poesía, que se hizo muy famosa por aquella época y fue mi primer "abre cabeza", algo que guardo en el rincón de los tesoros de mi corazón.

*Si puedes mantener la cabeza cuando todo a tu alrededor
pierde la suya y te culpan por ello;
Si puedes confiar en ti mismo cuando todos dudan de ti,
pero admites también sus dudas;
Si puedes esperar sin cansarte en la espera,
o, siendo engañado, no pagar con mentiras,
o, siendo odiado, no dar lugar al odio,
y sin embargo no parecer demasiado bueno, ni hablar demasiado sabiamente;
Si puedes soñar, y no hacer de los sueños tu maestro;
Si puedes pensar, y no hacer de los pensamientos tu objetivo;
Si puedes encontrarte con el triunfo y el desastre
y tratar a esos dos impostores exactamente igual,
Si puedes soportar oír la verdad que has dicho
retorcida por malvados para hacer una trampa para tontos,
O ver rotas las cosas que has puesto en tu vida
y agacharte y reconstruirlas con herramientas desgastadas;
Si puedes hacer un montón con todas tus ganancias
y arriesgarlo a un golpe de azar,
y perder, y empezar de nuevo desde el principio
y no decir nunca una palabra acerca de tu pérdida;
Si puedes forzar tu corazón y nervios y tendones
para jugar tu turno mucho tiempo después de que se hayan
gastado
y así mantenerte cuando no queda nada dentro de ti
excepto la Voluntad que les dice: "¡Resistid!"*

*Si puedes hablar con multitudes y mantener tu virtud
o pasear con reyes y no perder el sentido común;
Si ni los enemigos ni los queridos amigos pueden herirte;
Si todos cuentan contigo, pero ninguno demasiado;
Si puedes llenar el minuto inolvidable
con un recorrido de sesenta valiosos segundos.
Tuya es la Tierra y todo lo que contiene,
y —lo que es más— ¡serás un Hombre, hijo mío!*

Sí. Rudyard Kipling

¡Otro hitazo! *Yesterday*

Esta canción cuenta con más de seis millones de emisiones en radio solo en los Estados Unidos de Norteamérica. Y la más versionada, con 1600 interpretaciones. La revista *Rolling Stone* y la cadena MTV la nombran como "la mejor canción de la era moderna de la música pop".

En 1963, Paul McCartney despertó una mañana con la música en la cabeza y corrió al piano a interpretarla. Luego grabó la melodía por miedo de que se le olvidara, pero pensó que alguna vez la había oído en un concierto de jazz con su padre. Temió ser denunciado por plagio. Y anduvo un mes recorriendo gente del ambiente de la música, preguntando si conocían la melodía. ¡Con tanta claridad se le hacía presente!

Este tema, ícono del rock mundial, "apareció" en Paul al despertar: fue gestado durante el sueño. ¿Podría haber aparecido en otra cabeza? En teoría sí, en alguien que tuviera la inimaginable cantidad y calidad de conocimientos de Paul, su cualidad de compositor, su manera de vivir la vida, sus recuerdos, sus pasiones, sus miedos, es decir esa trama única e irrepetible que lo hacen una persona diferente a cualquier otra. Como vos y como yo.

CAPÍTULO X

MINDFULNES Y HERRAMIENTAS PARA CONCRETAR PROYECTOS

¿Tus sueños quedaron archivados, esperando "el momento justo"? ¿Te cuesta dar forma a tus inquietudes o solucionar las cosas que están en el tintero? ¿No encontrás el camino entre tus deseos y la bandera de llegada?

La ajetreada vida cotidiana, la inseguridad, los miedos, la falta de confianza en los propios recursos son algunos de los motivos por los que creemos que nuestros proyectos quedan congelados en el tiempo. Todos estos argumentos, ciertos o máscaras, son resultado de patrones de pensamiento. Estos patrones funcionan como un piloto automático. Estos esquemas se construyeron en algún momento de nuestra historia, y luego los repetimos hasta el infinito. ¿Por qué? Por ahorro de energía. El hábito es muy barato para la economía cerebral. Pero justamente por esa razón, por repetido, *no despierta en nosotros ninguna emoción*.

LA MOTIVACIÓN COMO MOTOR DE CAMBIO

"Mi proyecto" a trabajar se inscribe en un abanico muy amplio, dar forma a algún sueño que todavía no encontró su amanecer, como mover alguna piedra nueva o vieja en nuestro camino: una carrera, una actividad artística, una situación familiar o de pareja. ¡No hay proyecto chico si mi vida quedó, de alguna manera, atrapada en un laberinto! "Mi proyecto" no tiene por qué encarnar "el sentido de mi vida". Abocarme a "mi proyecto" bien podría significar poner todo mi empeño en desarrollar un patrón diferente de autorrealización.

La vida no es una casualidad. Las cosas que nos pasan, no pasan "porque sí", solo que algunas veces perdemos la brújula consciente de nuestras elecciones.

La práctica de Mindfulness brinda claridad a la mente, equilibra el universo emocional y orienta las acciones para adecuarlas a la propia sensibilidad. Es un camino para una vida plena, que dota a nuestras acciones de la cualidad de lo genuino. Una vida armónica conlleva un patrón ensamblado entre pensamiento, sentimiento y acción.

El resultado dependerá de la dedicación

No hay calificación final, ¡ya que en la vida tampoco la hay! Pero a través de esta práctica de autoconocimiento también vas a descubrir cuál es tu forma de abordar algo que te interesa y esa será otra hoja en tu propio manual: *conocer tu manera de conocer.*

No se puede cambiar lo que no se conoce

Vamos a analizar cómo funciona el cerebro para poder lograr los objetivos:

Imaginemos un barco amarrado a un muelle y con los motores prendidos para avanzar. El muelle es el pasado y el motor es tu fuerza impulsora. ¿Y las amarras? ¡Nuestros condicionamientos!

Cada vez que sientas que la impronta al cambio tiene un traspié habrá que detenerse a investigar cuál es la causa y marcarla en la lista con una cruz. Esa es una de las sogas que te tienen amarrado a patrones viejos.

Renunciar para ganar

En los próximos pasos vamos a hacer una división artificial de componentes de nuestra totalidad para poder diferenciarlos. Pero tené en cuenta que pensamientos, emociones y conductas se determinan unos a otros, y no siempre resulta claro descubrir cuál es la causa y cuál el efecto. Pero la intención conlleva una energía tal que ayudará a reconocer a qué familia pertenece cada emergente.

Si hablamos de cambio, nos referimos a sustituir algo viejo por algo nuevo. Por eso, en cada parte, la propuesta será dejar atrás un lastre que nos ancla al pasado.

La propuesta es renunciar a las trampas de la memoria.

1. Renunciar a condicionamientos.
2. Renunciar al miedo.
3. Renunciar a las dudas.
4. Renunciar a la seguridad.
5. Renunciar a las expectativas sobre el resultado.

La gran tentación va a ser guardar en el bolsillo un retazo "por las dudas". Es como el fumador que afirma haber dejado de fumar, pero se reserva un cigarrillo para algún momento especial. Ese uno en cualquier momento serán dos, justificado por la ley de la excepción. De allí a volver a fumar como siempre solo hay un paso.

Tampoco creas que luego de estas prácticas te vas a convertir en un absoluto desconocido, irreconocible para los demás e inventando una vida desde 0, sin pautas y sin recuerdos. El cerebro no funciona así. Ya iremos viendo.

LOS + Y LOS – DE LAS PRÁCTICAS

A través de más de 20 años, acompañé a bellísimas personas a iniciarse en prácticas de meditación, por lo que puedo contarte un par de cosas al respecto: siempre es más fácil en grupo y con alguien que guíe, y si es la voz conocida con la cual uno "aprendió", tanto mejor. Las comillas en "aprendió" corresponden a mis serias dudas acerca de si es algo que puede ser aprendido. Solo la disciplina y la práctica te llevarán a buen puerto. (Esa es una frase de cierre, no sé si hay algún puerto). Y dosis importantes de paciencia, tolerancia y compasión.

Te convido las frases más habituales que se repiten bajo diferentes formas:

» Me sentí de maravillas. Me relajé, me sentí liviano. De pronto perdí tu voz y volé.

» Me dormí.

» No me puedo relajar.

» Apenas cierro los ojos, empiezo a pensar en cualquier cosa.

» Me picaba la nariz.

» Tenías ganas de toser y no quería molestar.

» Necesitaba levantarme.

» Se me acalambraban las piernas.

» y cuantos comentarios se te ocurran para resumir "no puedo".

La pregunta repetida es: "¿qué hago?".

La respuesta: lo que puedas, dormí, tosé, rascate la nariz. Levantate y caminá. Que tu cabeza vague. No te fuerces. La mente es un instrumento poderoso. Forcejear solo te va a descentrar más todavía. Respirá hondo… y esperá. Cuando ese impulso se aplaque, sentate y empezá de nuevo: cerrá los ojos, columna erguida, respirá profundo y recorré mentalmente tu cuerpo. Observá el pasar de pensamientos sin aferrarte, tal como si estuvieses sentado al aire libre mirando pasar las nubes. Pero no te vayas con las nubes. Todo se irá aquietando.

¿Por qué aparecen todos esos "peros"? Porque la mente no tolera el silencio, ya que remite al vacío. Y empieza a llenar los huecos con algo que lo rompa, un movimiento, un recuerdo, una fantasía.

Estamos sobreestimulados, atosigados por cuestiones que demandan nuestra atención. Siempre hay algo esperando para pasar a la primera fila. Dejás de pensar que tenés que ir al banco para recordar que hay que bañar al perro.

Conociendo estas enseñanzas, nos inundamos de conceptos, frases e imágenes orientales, tan bellas como misteriosas. Pero ajenas. De otra cultura. Nosotros tenemos otra cabeza, las emociones nos agitan, el corazón tiende a padecer por amores imposibles, nos llenamos de culpas, el consumo nos lleva al galope, Internet nos hipnotiza… sin embargo, aún en medio de todo esto hay una paz posible.

Nuestra pintura de la realidad parece irremontable, pero es nuestra realidad; no tiene sentido quejarse, los lamentos no cambian nada y nos sumergen en una atmósfera negativa. Así que ¡adelante!, a ser conscientes, a apropiarnos de nuestra propia vida, que por el momento, es la única que conocemos.

El cerebro necesita con qué entretenerse. Ofrecele contenidos positivos, hacé un trabajo orientado a cargar nuevos temas y elegí otras actividades. Si querés un cambio, ¡empezá ahora!

Hay que tener en cuenta el concepto de neuronas espejo, la influencia de unos sobre otros. Las emociones se contagian: la valoración hacia el empeño, el esfuerzo y la capacidad de los otros tendrán una réplica sobre nosotros mismos.

El cerebro es un órgano social. El cambio que nos proponemos no se proyecta en la nada. Nos percibimos y proyectamos en el mundo. Y la manera de ver el mundo también determina nuestras acciones. Un cambio necesita de una mirada a largo plazo, de imaginar y proyectar a distancia, requisitos imprescindibles para un cambio personal y social duradero.

Algo sobre hemisferios cerebrales

Tenemos dos hemisferios cerebrales, izquierdo y derecho, unidos por el cuerpo calloso, y cada uno se especializa en funciones diferentes. El izquierdo en el lenguaje, el pensamiento lógico y el procesamiento de la información de manera secuencial; el hemisferio derecho en percepción visual, espacial, arte, creatividad y el procesamiento holístico de la información.

VERDADES Y MENTIRAS

¿Cómo sé que *yo soy yo*?

A lo largo del día, una zona de nuestro hemisferio izquierdo, el intérprete, toma la información que tiene (percepciones, memorias, acciones y relaciones entre ellas) y arma un relato coherente para nuestra conciencia. Es decir, nuestra narrativa personal está formada por elementos verdaderos y por memoria falsa: el fruto de la interpretación que hace el hemisferio izquierdo con aquellos datos. De esta combinación que hacemos con una receta personal, tenemos una experiencia consciente de ser yo.

¿A qué nos referimos cuando decimos "yo"? A un manojo de recuerdos (cambiante), convicciones sobre nosotros mismos y el mundo (cambiantes) y nuestra cara en el espejo (cambiante). A esa combinación de elementos evanescentes es a la que llamamos ampulosamente "yo"; desde allí nos explicamos a nosotros mismos y a los demás "yo soy así". Cada vez que lo decimos, cargamos un poco más nuestra autodefinición y, si perdemos el paso, nos amonestamos, "qué raro, yo no soy así".

Es por esta razón que nuestros proyectos van y vienen, son azarosos, los abandonamos por el camino y los resultados no nos satisfacen. ¡Porque los atamos a tamaño mentiroso!: el yo.

¿CUÁL ES TU ACTITUD ANTE UN NUEVO OBJETIVO?

Mi consejo es que resumas en sí o no. Porque si cada respuesta se envuelve en "a veces", "según la situación" o recovecos por el estilo, se dificultará ver las propias actitudes con claridad. No importa si lo escrito no es lo que nos gustaría. El condicional no es un indicador de verdades.

> » ¿Te zambullís de cabeza?
> » ¿Te comprometés a medias?
> » ¿Empezás con toda la energía y te vas desinflando?
> » ¿Lo tomás con cuidado para no frustrarte si el resultado no es el esperado?¿Te escudas en "no tengo tiempo"?
> » ¿Abandonás ante la idea de "no sé cómo hacerlo"?
> » ¿Seguís la propuesta al pie de la letra aunque la realidad te marque la conveniencia de un cambio?
> » ¿Sumás inquietudes a las planteadas para acrecentar el desafío?
> » ¿Te alentás durante la tarea o te mortificás con autocrítica?
> » ¿Te cerrás justificándote "y bueno, yo soy así"?
> » ¿Otras opciones?
> » ¿Seguís la propuesta al pie de letra?

EL CEREBRO

Las Neurociencias han arribado a conocimientos claves sobre el funcionamiento del cerebro. Un ejemplo de es-

tos avances ha sido el de neuronas espejo, que se cree que son importantes en la imitación, o el hallazgo de la cualidad de las neuronas que pueden regenerarse y establecer nuevas conexiones en algunas partes de nuestro cerebro. Distintos estudios han permitido reconocer que la capacidad de percibir intenciones, los deseos y las creencias de otros es una habilidad que aparece alrededor de los cuatro años; también que el cerebro es un órgano plástico que alcanza la madurez entre la segunda y tercera década de la vida.

Usar el cerebro. Facundo Manes

La práctica de Mindfulness, brinda el escenario preciso para que nuestros proyectos tengan el sello de la creatividad que anida en el universo de nuestros planos más profundos. La sabiduría inconsciente se explaya en el silencio. El equilibrio emocional brota de un interior en calma.

La meditación no es una práctica, sino una forma de ser (...) una forma de ver, una forma de percibir y hasta una forma de amar (...) La meditación de la atención plena consiste en abrazar todos y cada uno de los estados que emergen en nuestra conciencia, sin inclinarnos por uno en desmedro de los demás. Desde el punto de vista de la práctica de la atención plena, el dolor, la angustia, el aburrimiento, la impaciencia, la frustración, la ansiedad y hasta la tensión corporal son objetos igualmente válidos de nuestra práctica si les prestamos atención en el mismo momento en que aparecen. Cada uno de ellos proporciona una oportunidad para la comprensión y el aprendizaje y, en última instancia, para la liberación. (...) El rasgo distintivo de esa modalidad de ser que llamamos meditación es el no apego y es, en consecuencia, la percepción clara y la predisposición a responder adecuadamente a cualquier circunstancia que se nos presente.

La práctica de la atención plena. Jon Kabat-Zinn

El planteo de nuestros proyectos y su realización deben tener como piedra fundamental la premisa de mundo compartido. Cada vez que dañamos algo o a alguien nos estamos dañando a nosotros mismos. El universo es una red de elementos visibles y de los que no lo son; de materia densa y elementos sutiles, pero todo es lo mismo. Todo está en todos, con diferentes manifestaciones, pero todo es parte de lo Único. Nada está fuera de él. Cada vez que dispensamos un trato amable, estamos contribuyendo a un mundo mejor.

Solo cuando comprendamos la responsabilidad por nuestra vida, podremos ser genuinamente compasivos con los otros. Porque la compasión no es tenerle lástima a quien sufre, sino ser capaz de acompañar en su dolor a quien lo padece.

Y si no somos capaces de detenernos ante el propio sufrimiento, de tener un trato de honra hacia la vida que se nos ha dado, cuidándola como un tesoro que no pedimos pero que se nos ha confiado, ¿qué actitud de genuina compasión podremos tener hacia los otros?

RENUNCIAR A LAS DUDAS

El maestro zen, instructor de la atención plena, poeta y pacifista vietnamita Tich Nhat Hann señala, muy acertadamente, que la razón por la que querríamos practicar la atención plena es que nos pasamos la mayor parte del tiempo ejercitando, inconscientemente, lo contrario.

Un estudiante de artes marciales fue a ver a un maestro y le preguntó:
—Estoy deseoso de estudiar sus técnicas. ¿Cuánto tiempo me llevará aprenderlas?
El maestro contestó:
—Diez años.
Impaciente, el alumno insistió:
—Pero yo quiero aprender más rápido. Trabajaré muy duro. Practicaré todos los días, diez o más horas al día si tengo que hacerlo. ¿Cuánto tiempo me llevará entonces?

El maestro pensó un momento y contestó:
—*Veinte años.*

Como dice la Biblia: *Todo tiene un tiempo bajo el sol.*

APOSTANDO A TODO O TODO

¿Cuántas veces escuchaste "la bolsa o la vida"? ¿Por qué la opción? ¡Se puede aspirar y apostar a *la bolsa y la vida*! Dirás que es difícil, que no hay que ilusionarse con imposibles y yo te digo: una cosa es la decisión y otra, los resultados. Yo no puedo garantizar que vayas a ganar en todos los frentes, pero sí puedo asegurarte que el beneficio que vayas a obtener con esa actitud, va a superar la medida del resultado. No apuestes al más o menos. Tan acostumbrados estamos a relacionar la apuesta al éxito que más de una vez perdemos la oportunidad de hacer, solo por suponer que no va a valer la pena. En este caso sí, lo que importa es ¡la actitud!
¡Atención + Intención!

¡VAMOS POR TODO!

Perder no es nada si se ha hecho el máximo esfuerzo, ganar no es nada si no se ha hecho el máximo esfuerzo.

Cuántas horas, días y semanas transcurrimos viviendo en la penumbra, con la bandera a media asta, semidormidos, olvidados del cuerpo, ni sanos ni enfermos, sin la vitalidad que desearíamos tener, pero con el suficiente cansancio como para seguir posponiendo nuestros sueños. Un argumento que subyace a nuestra indeterminación es "este no es el momento, no están dadas las condiciones". Otra zancadilla es sujetar la búsqueda a condiciones de futuro incierto "lo voy a hacer cuando...". O sea, por la razón que fuere *ahora no.*

Hay muchas frases del tipo "si no es hoy ¿cuándo?", "hoy es el día", o "este es el primer día del resto de tu vida". Sin embargo, no nos decidimos a zambullirnos. Nos acercamos y alejamos del tema en un continuo movimiento de vaivén sin movilizarnos para tener una actitud más activa, esperando algo… ¡Y probablemente tengas razón!

Quizá este concepto parezca derrotista o poco inspirado, pero si queremos desplegar algún camino realmente creativo, necesitamos tiempo y dedicación para que acontezca.

La creatividad no se da en el vacío, aparece como un escalón en el camino de búsqueda y no como un moño casual con que el destino nos regala un premio en un juego de azar. "Eureka" no irrumpe en la nada, es una palabra que se escribe en la pizarra donde anotamos los pasos a seguir, la lista de recursos, teorías, estrategias y cuantos eslabones sean necesarios en la construcción de un proyecto.

La "buena suerte" o "mala suerte" pueden ser un argumento donde escondemos nuestro desconcierto.

La idea de la musa inspiradora, por muy romántico que pueda ser, quedó pasado de moda a la luz de las Neurociencias. El cerebro es el gran descubrimiento. *No sos vos, es tu cerebro*, dice Estanislao Bachrach.

Detrás de las frases que se esgrimen para eludir proyectos, desde el más explícito al más escondido, está el miedo.

El miedo es una emoción primaria asociada a una zona del cerebro que tiene 200 millones de años de evolución: la amígdala, esa pequeña estructura subcortical que forma parte del sistema límbico, y que maneja todas las emociones en milésimas de segundo, tiene la potencia del peso de una larga historia.

Las emociones son la gran fuerza impulsora de nuestras decisiones. Recordemos que el neocórtex, el área más evolucionada, tiene apenas 100 mil años de antigüedad. Este dota a las acciones de las características humanas: la reflexión, la ética, lo social, la empatía y, por lo tanto, el cuidado de los otros. Es el que pone el freno a los impulsos que brotan en crudo de la amígdala.

Ante cada estímulo devolvemos una respuesta. La práctica de Mindfulness transforma las respuestas primarias en respuestas más evolucionadas. ¿Por qué? Porque suaviza la actividad de la amígdala. Esto, que antes se evidenciaba en la práctica pero sin poder fundamentarlo científicamente, salió a la luz desde que disponemos de neuroimágenes.

Las personas que meditan parecen más serenas *porque son más serenas*.

Meditar no consiste en evitar los problemas ni huir de las dificultades; no se practica como una vía de escape, sino para ser lo suficientemente fuertes para afrontar los problemas con eficacia. Para ello debemos estar serenos, frescos y firmes. De ahí que necesitemos practicar el arte de detenernos. Cuando aprendamos a hacerlo, nos volveremos más serenos, nuestra mente se volverá más clara, como el agua que adquiere transparencia al asentarse las partículas de barro en el fondo. (…) Si eres capaz de sentarte media hora, disfruta esa media hora, Si puedes hacerlo solo unos minutos, disfruta esos minutos. De todas formas te será provechoso.

Sintiendo la paz. Tich Nhah Hanh

Tantas veces el miedo es un sentimiento confuso que no nos detenemos a preguntarnos ¿miedo a perder qué?

Las personas que se definen como felices no tienen más títulos ni honores ni éxito. Tampoco lograron esa felicidad a fuerza de competencia o ambición. Ese estado corresponde al sentimiento de gratitud ante la vida; no está sujeto a ningún hecho, ni persona ni variable.

EXPECTATIVAS

Las expectativas son centrales en la creación de espirales positivas (emociones buenas que se retroalimentan unas a otras y te hacen sentir cada vez mejor) y las negativas (que producen el efecto contrario en el cerebro).

No es fácil salir de las expectativas negativas; pero si las positivas son inalcanzables, terminan siendo dañinas por la frustración que producen.

Muchas veces, las dudas tienen poco asidero en la realidad y terminan convirtiéndose en un ejercicio agotador, un entrenamiento sin fin de la mente sin objetivo: dudar para seguir dudando. Un pilar de la atención plena es que puedas ser un atento observador de tus pensamientos, de tus sentimientos, de los cambios de tu cuerpo.

El autoconocimiento no consiste en leer textos orientales o de autoayuda, *es una práctica concreta de la autopercepción de la vida.*

El cerebro es un sistema de estabilidad dinámica, evoluciona en el tiempo haciéndose cada vez más complejo y desarrollando nuevas habilidades. Tengamos en cuenta que el entramado social promueve mantenerte en un sistema cerrado. Cambiar no te va a evitar los obstáculos, te dará mayor cantidad y calidad de herramientas para enfrentarlos. Para el consenso general hacer algo "bien" es hacerlo como siempre.

Agregar a tu vida una nueva expectativa positiva va a aumentar la atención que le dediques a esas experiencias. Y si a esto le sumamos un mayor control de impulsos, de reacciones automáticas y de hábitos dañinos, pudiendo hacer pausas y ejerciendo la voluntad, y todo esto se prolonga en el tiempo, obtendremos un nuevo "cableado", o sea, nuevos hábitos mentales. *Eso es cambiar*. Cambiar no significa romper viejos e inútiles hábitos, sino reemplazarlos por nuevos y mejores, que más se adapten a un nuevo proyecto de vida. Ahora bien, estos aspectos teóricos habrá que adaptarlos a la singularidad de la propia vida.

PRÁCTICA. Las dudas

En este ejercicio, como en tantas cosas en la vida, solo se acepta como respuesta "sí" o "no":

- » ¿Ya elegiste un objetivo?
- » ¿Es un proyecto concreto?
- » ¿Es algo inespecífico?
- » ¿Estás seguro?
- » ¿Te gustaría cambiarlo?
- » ¿Te costó definirte?
- » ¿Te habías planteado este objetivo con anterioridad?
- » ¿Intentaste concretarlo?
- » ¿Es interesante?
- » ¿Es importante?
- » ¿Sentís que es de una importancia vital?
- » ¿Tu vida sería diferente si lo lograras?

Ahora te propongo que, junto a cada respuesta, escribas la opción contraria. Después, releé ambas listas.

¿Valen la pena tantas dudas? ¿Notás que en más de una respuesta hubiese sido lo mismo contestar "sí" o "no", que todo cambiaría solo circunstancialmente?

Dejá de lado las dudas. Solo lograrás quedar detenido, repartiendo tu energía. El cerebro no puede atender dos cosas a la vez. Alguna quedará interrumpida.

Derribando dudas

- » No te juzgues.
- » No hagas comentarios.
- » "No" al diálogo interno sobre el tema.
- » No edites. No corrijas sobre la marcha.
- » No ejecutes.
- » No caigas en la tentación de hacer, hasta no haber madurado la cuestión.
- » No te preocupes.
- » No mires hacia atrás.
- » No pierdas el foco.

Estas pautas te van a ayudar a orientar la energía. La práctica de la atención plena te va a ayudar a podar ese bosque enmarañado que suele ocultar nuestros objetivos y dificultar el camino.

La escalera

Ahora imaginá que estás en un pozo limpio, ordenado, con todas las comodidades y, sobre todo, seguro. Y que al mirar hacia arriba, vez una luz muy atractiva y una escalera estrecha que te lleva hacia ella. Te sentís en la disyuntiva, quedarte en la oscura seguridad o intentar caminar hacia la luz. Podés decidir quedarte donde estás. Liberarte tiene un costo; para poder subir vas a tener que despojarte de viejos compañeros. La escalera es francamente angosta. Esta es la consigna: un escalón tras otro tendrás que dejar un miedo. A medida que vayas subiendo irás "sospechando" la luz, pero esta no será tuya hasta tanto no hayas salido del pozo por completo.

Varias y diferentes ediciones de este ejercicio te van a ir liberando. No creas que con la primera vez será suficiente. Hay que pensar que estos miedos están allí por algo, han cumplido en nuestra vida una misión: cuidarnos aún en medio de la mayor de nuestras distracciones. Solo que ya no los necesitamos, pues vamos tras una elección consciente.

La lista

Te invito a que hagas una lista de aquellas cosas que creés que podrías perder haciendo uso de tu libertad. No te permitas dejarla de lado hasta no estar seguro de haberla completado.

La vida es eso que pasa mientras estás ocupado haciendo otros planes, le cantó John Lennon a su hijo en "Beautiful Boy".

¿Es claro el planteo respecto de las dudas? Si querés llegar a un objetivo, en este caso completar estos textos, no se puede correr detrás de cada objetivo secundario que vaya apareciendo. A cada momento, va a surgir algo que te haga dudar. Pero tiene que llegar el momento en que dejes las preguntas de lado y te zambullas en lo que has elegido. ¡No importa lo que sea! Sea lo que fuere, mañana o el mes próximo, aparecerá otro tema que te atraiga. La cuestión es que estos ejercicios te resulten útiles para construir un patrón, para que desde la práctica de la atención plena puedas orientar tus pasos sin tanta dispersión de energía.

¿Quién soy?

Tomá varias hojas y como encabezado escribí: "¿Quién soy?"

Debajo: "¿Qué es lo que más te gusta de tu respuesta?"

Anotá las doce cualidades que mejor te describan.

Una vez que hayas hecho tu lista, pedí ayuda a una persona cercana, que creas que te conoce bien y preguntale cuáles son las doce cualidades que mejor te describen.

Compará cómo se adaptan tus percepciones a las de tu entorno.

SON DOS ZAPATEROS, ¿CÓMO NO VAN A PENSAR IGUAL?

Dos hombres, dos miradas, dos interpretaciones, dos sentimientos, dos acciones, dos resultados. Dos sabores de la experiencia.

Hace muchos años, dos hombres viajaron a África. Ambos tenían la misma profesión, eran zapateros, y viajaban a ese lejano continente buscando oportunidades.

Habían pasado apenas unos días cuando uno de ellos envió un telegrama a la oficina central de su compañía, diciendo: *"Regreso la semana entrante, nadie aquí usa zapatos"*. El segundo vendedor también fue hasta el correo y envió un telegrama a la empresa, el cual decía: *"Envíen más mercadería. Mercado ampliamente abierto. Grandes posibilidades. Nadie aquí tiene zapatos"*.

CAPÍTULO XI

MINFULNESS Y ESTRÉS

QUÉ ES EL ESTRÉS

Estrés es lo que sucede en un organismo cuando una amenaza quiebra su estado de equilibrio. El estrés es un alerta, un semáforo amarillo que avisa: ¡atención! Y pone en marcha la movilización necesaria de recursos para recuperar el equilibrio perdido. Pero un estímulo se constituye en amenaza, según las herramientas con que la persona cuente para afrontarla.

Hay un estrés "bueno" que es una situación en la que el cuerpo se siente como "iluminado", vital, y potencia las funciones cognitivas: sensaciones, atención, memoria, señales interoceptivas, reflexión, asociación. Ese estado de brillantez corresponde a la invasión de adrenalina.

Cuando una persona se encuentra en una situación de riesgo es justamente esa tensión la que activa una serie de mecanismos en el organismo que le permite reaccionar para enfrentar lo que percibe como peligroso y no se quede paralizado. El estrés genera una explosión de hormonas en el cuerpo, que se liberan para que el individuo pueda manejar amenazas o eventos que ocasionan mucha presión.

Según estudios hechos en una Universidad de Berkeley, el estrés, cuando no es crónico, optimiza el funcionamiento del cerebro. "Siempre se piensa que el estrés es malo, pero cierta cantidad es buena para lograr que el cuerpo alcance el nivel óptimo de alerta y opere de la mejor manera posible. Eventos intermitentes y estresantes son los que mantienen al cerebro en alerta y el organismo reacciona mucho mejor", expresó Daniela Kaufer, profesora de esa universidad y una de las autoras de dicha investigación.

Este estrés llamado "bueno", es decir el que aparece como episodio esporádico, fortalece el sistema inmune, ya que las hormonas que genera combaten gérmenes cuando la enfermedad se está empezando a desarrollar, explica John Whyte en un artículo publicado en *The Huffington Post*.

PRÁCTICA. Estrés, una experiencia subjetiva

Este ejercicio lo vamos a separar en partes para poder intercalar un concepto teórico con la manifestación.

Como primer paso, cerrá los ojos, respirá profundo hasta que la agitación y los pensamientos rumiantes hagan silencio. Imaginá ahora que estás mirando desde afuera una situación que te estresa. Incluí en la escena todos los elementos posibles: personas, escenario, atmósfera, color, olores, para tener una descripción pormenorizada y vívida de la situación.

Una vez que tengas el registro interno de esta película, abrí los ojos y escribí la escena con todo detalle.

ESTRÉS, UN DINÁMICA TRIANGULAR

El estrés es una relación entre una persona, los estímulos a la que se encuentra sometida y las herramientas que tiene para afrontarlos.

A partir de este esquema podemos entender por qué estímulos que desbordan a algunas personas no producen efecto en otros, y obviamente, a la inversa también.

Este concepto es fundamental para posicionarnos en un lugar operativo respecto de las situaciones en las cuales nos sentimos presionados. No estamos condenados, siempre habrá algo que podamos hacer: tener una actitud consciente del hecho y trabajar en el desarrollo de las herramientas de las cuales carecemos.

PRÁCTICA. El propio triángulo

Disponete a hacer una exploración interna, cerrando los ojos y respirando profundo hasta aquietarte.

Reviví ahora la escena planteada como estresante, dejando el lugar de espectador e incluyéndote en ella. Volvé a la descripción pormenorizada, viéndote dentro e inmerso en la problemática. Dirigí la atención a los pensamientos y sentimientos que aparezcan, dedicando el tiempo necesario para tener clara la propia situación. Permanecé en ella aunque te inquiete, porque es la manera de poder comprender lo que está en juego.

Observar cuál es el factor estresante con todos los detalles e implicancias, qué herramientas sentís que tenés y dónde está el riesgo.

Al abrir los ojos, dibujá un triángulo amplio, donde en un vértice estés vos describiendo tus pensamientos y emociones. En otro, el estímulo identificado como estresante y la cualidad por la que se constituye en estresor. Y en el tercer vértice, las herramientas de las que disponés para enfrentarla.

El título del dibujo será: "Estrés, dónde estoy".

> *Este es el momento de un recreo para no recargar la escena con pensamientos viejos. O sea, los que no te dejan encontrar una solución. Solución no quiere decir que mágicamente aparezcan los recursos; significa que podrás hacer una evaluación clara con los más y los menos.*

Volvé a visualizar la escena, pero esta vez permaneciendo tranquilo, viendo el estímulo que genera tensión sin inquietud. La consigna es mantenerse en ese lugar, viéndose en una situación de equidad con la amenaza. Confiar en que el cerebro establece asociaciones a velocidad inusitada, ¿de qué herramientas disponés ahora? ¿Cuál es el recurso que necesitabas?

Al abrir los ojos, poné otro título: "Dónde estoy ahora", y detallá el proceso con el hallazgo de los elementos necesarios para reestablecer el equilibrio.

Tendrás que tener en cuenta que quizá la salida sea salir de la escena, buscar otras opciones si las hubiera, o aceptar que no hay nada mejor, que aquella situación permanece así. Pero a pesar de todo, la práctica no habrá sido en vano, habrás podido recorrer cada rincón exterior e interior y arrojado luz sobre el problema.

Ya con esto, el nivel de inquietud puede haber descendido, porque los fantasmas suelen esconderse en lo desconocido.

CONSECUENCIAS DEL ESTRÉS CRÓNICO

El estrés repercute en cuerpo y mente, causando diversos trastornos.
Áreas de impacto:

» Sobre el sistema inmune.
» El sistema cardiorrespiratorio.
» Cuadros depresivos.
» Trastornos metabólicos, alimentarios, del sueño y digestivos.
» Afecta la atención y la memoria.
» Produce cansancio, irritabilidad, contracturas, dolores itinerantes y falta de motivación.

¿Por qué tanto?

Hay una respuesta atávica ante una amenaza: ataque o huida. Frente a ese estímulo se produce una catarata neuroquímica, para estar física y psíquicamente listos para la acción. Las hormonas en juego, adrenalina y cortisol, son las responsables del deterioro.

Hay una respuesta neurológica a la adrenalina: aumenta la atención y la velocidad de respuesta. Imprescindible para evaluar riesgos y planear estrategias a velocidad.

Y también aumenta el ritmo cardíaco, la presión, el colesterol y los triglicéridos. La "puesta a punto" del cuerpo requiere de cambios fisiológicos extremos.

El cortisol es tóxico para el cerebro. Por un lado, disminuye la atención y la memoria, y por el otro, aumenta la ansiedad, la depresión y produce trastornos del sueño. También altera la digestión y aumenta el apetito.

Este escándalo neuroquímico tenía sentido cuando los peligros que amenazaban al hombre primitivo ponían en juego su vida. La puesta en marcha del organismo era una actitud adaptativa para la acción, cualquiera que esta fuera.

Este mecanismo quedó grabado tan a fuego que esta manera de reacción aparece hoy ante situaciones cotidianas. El hombre actual, atrapado en un embotellamiento de tránsito, reproduce el mismo estado psicobiológico que su antepasado, escondido en una caverna con algún animal nocturno merodeando la entrada.

El estrés produce un daño paulatino, envejece, el cuerpo se va matando a sí mismo.

Mindfulness reduce el estrés y sus síntomas. De todos modos, el mejor tratamiento del estrés es prevenirlo.

¿ES POSIBLE GENERAR RECURSOS PARA AFRONTAR SITUACIONES ESTRESANTES?

Ansiedad, pulso acelerado, preocupaciones, cansancio, desasosiego, insomnio, trastornos de alimentación, ánimo fluctuante, deterioro de los vínculos, falta de atención, de interés, etc. son algunos de los síntomas del estrés crónico que están a la vista. Pero también puede haber consecuencias profundas que solo advertimos ante la aparición tardía de alguna patología. El estrés genera alteraciones metabólicas, cardiovasculares, digestivas, infertilidad, afecciones en la piel y déficit en el sistema inmune triplicando la posibilidad de contraer cualquier tipo de enfermedad. También favorece la instalación de cuadros depresivos y produce cambios en la estructura cerebral, destruyendo conexiones neuronales. Muchísimos estudios muestran el papel del estrés en el aprendizaje, la memoria y la toma de decisiones. Llevar una vida de estrés genera déficits fisiológicos, emocionales, sociales, familiares y laborales. El estrés es una respuesta fisiológica normal para la supervivencia, pero se constituye en patología cuando la persona no dispone de las herramientas para afrontar ese estímulo por el cual se siente amenazada y desbordada. Hay grandes grupos de desencadenantes: situaciones que nos fuerzan a tomar decisiones rápidamente, ambientes laborales o sociales perturbadores, enfermedades, adicciones, frustración, bloqueo de nuestros intereses, vínculos dañinos o fallidos, etc. Nuestra manera de responder ante los estímulos tiene historia: hemos aprendido a responder de cierta forma. El cerebro puede cambiar y de hecho está en permanente modificación. *No son los problemas los que nos enferman, sino nuestra propia y particular manera de responder ante ellos.*

Mindfulness es un entrenamiento de la mente en Atención Plena que permite un mejor vínculo con la realidad tal como es, interceptando las respuestas automáticas, facilitando procesos de autorregulación que mejoran la salud y las relaciones personales. Una mente serena va de la mano del equilibrio emocional y de un cuerpo relajado, sano y energizado. Con esta práctica se disminuye el nivel de estrés y se desarrollan nuevos recursos internos, recuperando así el equilibrio y la eficacia.

EL CUERPO SOMETIDO

Ken Wilber, pope de la Psicología Transpersonal, describe magistralmente en su libro *La conciencia sin fronteras. Aproximaciones de Oriente y Occidente al crecimiento personal*, la concepción del cuerpo del hombre de hoy:

> *Es evidente que pocos de nosotros hemos perdido la cabeza, pero muchos de nosotros hemos perdido el cuerpo, y me temo que esta afirmación hay que tomarla al pie de la letra. En efecto parece como si "yo" estuviese sentado sobre mi cuerpo, como un jinete sobre un caballo al que doy latigazos o unas palmadas, lo alimento, lo limpio, lo cuido, cuando es necesario. Le impongo mi voluntad sin consultarle y refreno su voluntad. Cuando mi cuerpo-montura se porta bien, suelo no hacerle caso, pero cuando se encabrita, lo que sucede con frecuencia, me apresuro a sacar el látigo para imponerle una sumisión razonable.*
> *Si parece como si mi cuerpo colgara de mí, ya no me dirijo al mundo con mi cuerpo, sino sobre mi cuerpo. Estoy aquí arriba y él ahí abajo. Mi conciencia es casi exclusivamente conciencia de la cabeza: "soy" mi cabeza pero "tengo" mi cuerpo.*
> *El cuerpo queda reducido a no "ser" uno, sino "propiedad" de uno; algo que es "mío" pero no "es" yo.*

Esto es lo que Wilber describe como *nivel del centauro*. En realidad este concepto corresponde a una elaboración compleja que hace respecto de la evolución de la conciencia, pero la explicación excede en mucho a la cuestión del estrés. Para quien le interese la Psicología Transpersonal, todos los libros de Wilber son sumamente explicativos.

La demarcación entre cuerpo y mente ha sido una frontera muy recurrente, que además de ilusoria, es dañina. En la batalla entre el cuerpo y la mente, el cuerpo se concibe como algo ajeno a nosotros, que al decir de este autor, "somos el que mira el mundo a través de estos ojos de buey que son las cuencas cavadas en los huesos de la cara".

El cuerpo ni siquiera ocupa un lugar en nuestra mente. No es algo que tengamos en cuenta. Vivimos en/con él, pero como si no existiera, sin una clara conciencia de ello. Y cuando nos llama la atención a través de una molestia o del dolor, armamos de inmediato una película buscando los protagonistas: un virus, una bacteria, un colchón gastado. Todo menos "yo". No queremos ver que el cuerpo duele porque nosotros nos hacemos algo a nosotros mismos, a eso que "también" somos: nuestro propio cuerpo.

Un cuerpo rebelde, inconforme con la realidad escindida, busca llamar la atención; ese cuerpo se queja de nosotros y nosotros nos quejamos de él. Pero al excluirlo, quedamos acorralados en su cárcel. ¿Qué hay detrás de nuestros síntomas? Un mensaje que probablemente no logramos descodificar. Un síntoma no es solamente un dolor; el insomnio, el cansancio, la ansiedad incomprensible son señales de lo mismo.

Entre el mundo exterior y eso que llamamos "nosotros mismos" hay un circuito de mediadores exquisitos pero ignorados como proveedores de conocimiento: los sentidos. Pero tan apurados estamos, que salteamos el "percibir" y, una vez más, nos lanzamos a "pensar" esas señales. Los sentidos se opacan, enmudecen y, a más anestesia, más descreemos de sus susurros.

Lo que aquí nos interesa es esta idea de escisión entre cuerpo y mente, y las previsibles consecuencias que esto tiene en el organismo total.

Si bien la respuesta psicobiológica ante una amenaza es primaria, atávica, explorando un poco nuestros hábitos podremos ver si nuestra conciencia del cuerpo colabora con la salud como instancia totalizadora o, por el contrario, nuestras conductas favorecen el deterioro.

» ¿Cómo organizás tus comidas?

» ¿Horarios?

» ¿Calidad de alimentos?

» ¿Qué cantidad de agua tomás por día?

» ¿Cuántas horas dormís?

» ¿Hacés actividad física?

» ¿Dedicás tiempo a actividades artísticas, deportes, recreación?

» ¿Cuántas horas semanales?

» ¿Qué espacio le das a la gratificación?

» ¿Qué cosas te hacen reír?

» ¿Podés "no hacer nada" sin sentirte culpable?

» ¿Tenés dolores o molestias corporales reiteradas?

» ¿Qué hacés respecto de ellas?

» ¿Hay algún plan de salud al cual adhieras?

El cuerpo no es un accidente, es el espacio sagrado donde nuestra vida se manifiesta. Sin cuerpo *no somos* en el sentido que conocemos la existencia. Tenemos conciencia de nuestra vida cuando encarnamos, aunque no recordemos el momento. Al ver una foto de bebé, sabemos que somos nosotros porque los de alrededor dicen "este sos vos" y no otro. Ese reconocimiento muestra la atención que los demás tienen sobre nosotros. La atención plena sobre nuestro cuerpo es primordial en este proceso.

Hablamos de compasión, de acompañar al que sufre, ¿nos dañamos por negligencia?

Nuestro universo emocional también participa del concepto de evolución, de cosmos o de caos. Las emociones aparecen sin ser invitadas. Casi se podría decir que nosotros no las tenemos, ellas nos tienen a nosotros.

El trabajo sobre nosotros mismos es un "educador" de nuestras emociones. Por el contrario, si vamos por el mundo distraídos, ajenos a nuestro propio interior, nuestras emociones serán caprichosas, intempestivas y fuera de medida. Es decir, nuestras conductas serán caprichosas, intempestivas y fuera de medida.

Alegría, sorpresa, rechazo, tristeza conforman un ramillete multicolor, con una casi infinita gama de semitonos y combinaciones que componen nuestro particular escenario.

Nuestra cultura nos ha enseñado un vínculo con las emociones bastante particular: aplaude unas; oculta, castiga o reniega de otras. Pero las emociones no son "elegibles". Las emociones "son", existen para sí mismas, "son" más allá de nuestra voluntad o nuestra decisión de darles la bienvenida o cerrarles la entrada de un portazo.

El énfasis puesto en el intelecto nos ha hecho creer que nuestra tan ansiada paz sobrevendrá poniendo un corsé a nuestras emociones "desprolijas"; hasta la alegría excesiva en algún tiempo era vista con severidad. La idea de la "mesura" remite a un hombre casi anestesiado, escindido de su verdadera naturaleza donde lo emocional ocupa el lugar predominante.

Cada emoción tiene su esencia y su particular manera de expresarse. A fuerza de censura, demasiadas veces nos hemos quedado con un repertorio muy pobre. De esta manera, ante situaciones de diversa índole, reaccionamos con una respuesta única: ¿conocés a alguien a quien todo lo entristece o lo enoja?

Las emociones suelen venir combinadas, resultándonos a veces difícil distinguir una de otra.

Hay un cuento que grafica muy bien este concepto:

> *Dicen que fueron cierta vez a bañarse a un río la ira y la tristeza. Se desvistieron y dejaron la ropa en la orilla tirada de cualquier manera. Jugaron juntas hasta que fue muy tarde. Dándose cuenta de ello, salieron de prisa y sin querer, cada una se vistió con la vestimenta de la amiga. Desde entonces, la tristeza anda por el mundo escondida en la ira, y la ira disfrazada de tristeza.*

Para pensar en una vida que se desenvuelva de manera plena, hemos de lograr un equilibrio emocional que garantice que la pérdida de la armonía vaya seguida de su recuperación en un todo dinámico: algo rompe el equilibrio, se produce el reacomodamiento y se recupera. Pero para iniciar esta educación emocional, tengo que ser consciente de qué me está pasando, qué detonó la ruptura, dónde impactó el estímulo, cuál fue mi primer impulso, cómo lo percibí en mí. Sin esta investigación, poco podremos hacer, ya que estaremos caminando a ciegas, en un terreno desconocido.

Porque exactamente eso hacen nuestras emociones: traernos noticias de cuestiones que están sucediendo detrás del telón que separa lo que está a la vista sobre el escenario y lo que acontece tras bambalinas. *Siempre las emociones son voceras de algún movimiento interno.*

Necesitamos empezar a tener noticias sobre la relación entre el estímulo y la respuesta. Hay un abanico a recorrer desde la pequeña apertura ante un estímulo suave, al despliegue total respecto de otra causa. Esto sucede si nuestras emociones están, por decirlo de alguna manera, "educadas", ajustadas, afinadas como un instrumento exquisito, que de hecho pueden serlo. Una afectividad rica en esencias y formas dotará a nuestra vida de un escenario complejo de recursos múltiples.

Una emocionalidad primaria produce un desajuste en quien la padece y el término es ese: padecer. Sufre quien se siente fuera de lugar con su expresión, sufre el que la recibe y todos los implicados sufren las consecuencias.

La ignorancia sobre este entramado tan complejo suele ser el motivo de la incapacidad de expresarlas y del pobre repertorio del que se dispone.

Veamos algunos ejemplos:

El miedo

Solemos pensar que hay personas "miedosas" como un adjetivo extendido a una clase, de hecho, descalificada. Tener miedo es de cobardes, máxime si se es varón. "Los hombres (u hombrecitos) no tienen miedo" ¿Quién dijo esto? ¡Cuántos chicos y no tan chicos han padecido un rótulo ignominioso solo por manifestar un mensaje que recibe desde lo más profundo de su ser: "tengo miedo"!

El miedo es una señal que avisa que hay una asimetría entre un estímulo y los recursos que tenemos para afrontarlo. A menores recursos, mayor será el miedo, porque el estímulo se constituirá en una amenaza mayor.

Desde esta perspectiva, el miedo *no es un problema*. El miedo nos avisa *que tenemos un problema*. Y ese problema es que ante ese peligro no tenemos con qué defendernos.

La universalización de los conceptos produce distorsiones. Prestando atención amorosa sobre los otros, podremos ver el miedo tal como acontece en ese momento, en esa persona y ante un estímulo. Es decir, en el presente. Podremos entonces extender una palabra o una acción solidaria hacia alguien que sufre.

Las generalizaciones pueden ser un rasgo autoritario de quien las manifiesta, ante cualquier hecho que fuera. Es una sentencia difícil de revertir; quien cae sobre esa mirada queda etiquetado: *es así*. Como el pensamiento automático no requiere esfuerzo, es fácil recurrir a él. Es tan cómodo como injusto. Mucho tendrá que andar el señalado para demostrar otra cosa. Siempre que tenga los medios para hacerlo, porque también pueda ser que haya calado tan hondo, que adopte ese concepto sobre sí: "soy miedoso". En este caso, estaríamos viendo una pareja perfecta: dos ciegos unidos por un destino común.

Estando en el presente y teniendo una atención plena sobre todo el contexto, podremos ver cómo emerge cada dato de la realidad, los hallazgos pueden ser sorprendentes.

PRÁCTICA. El miedo al miedo

El miedo, como un terremoto, es una emoción que tiene réplicas. El miedo viene acompañado de miedo al miedo: temor a volver a pasar por esa situación y sentir lo mismo. Además, suele buscar cómplices; cualquier elemento que se le asemeje va a engrosar las filas, y las respuestas son cada vez más abarcativas. Por ejemplo: "tengo miedo de que me roben de noche en el subte", "tengo miedo de que me roben en el subte", "tengo miedo de que me roben de noche", "tengo miedo al subte", "tengo miedo a la noche". Conclusión: "no tomo un subte en ningún horario, no salgo de noche" y vaya uno a saber qué más. Probablemente, "le da miedo la calle y cualquier medio de locomoción". El pensamiento que sostiene esta conducta es: "la calle es peligrosa". Ante esa afirmación universal, ¿quién puede oponerse?

Como con todas las prácticas, empezarás por retirarte a tu interior. Una vez que te hayas aquietado, vas a imaginar frente tuyo a un personaje del tipo que fuere, que te atemorice, solo uno. Te detendrás a observar todos sus aspectos y dejarás aparecer la condición por la cual te despierta miedo. Ahora vas a volver la atención a vos mismo, para registrar de qué manera se manifiesta ese miedo: actitud corporal, pensamientos y emociones asociadas. Una vez que el desequilibrio de fuerzas esté claro, vas a buscar en tu interior hasta encontrar las herramientas necesarias para hacerle frente. Esto no refiere a ninguna actitud bélica, de ataque o defensa. Se trata de tener una actitud compasiva hacia ese personaje temeroso que llevás dentro. Y de manera gentil, le vas a ofrecer esos recursos mentales, alentándolo a sentirse en posesión de esos dones. Esta ofrenda tiene el sentido de facilitarte a vos mismo lo que te está faltando.

Dejá que se disuelva lentamente la imagen reteniendo el estado de gratitud.

El problema no es el objeto amenazante, sino la catarata de pensamientos, emociones, críticas y castigo que recaen sobre el "miedoso" y lo hunden en un estado del cual es difícil salir.

El cerebro cree lo que ve. Así como nos vamos impregnando de negatividad al contacto con estímulos desagradables, nos llenaremos de luminosidad al encuentro con la compasión.

La ira

La ira aparece cuando habiendo encaminado nuestros pasos hacia un objetivo y vislumbrado una meta, sobreviene un obstáculo que obtura nuestro camino hacia alcanzar el logro. Irrumpe entonces la ira como una descarga hormonal, convertida en un plus de energía para accionar respecto del obstáculo: enfrentarlo y moverlo, rodearlo, saltarlo, en fin, hacer lo que fuere necesario para que ese obstáculo deje de serlo.

Los estallidos de ira son una manifestación de frustración infantil, los berrinches de un adulto. Probablemente ese incendio emocional termine quemando el objeto, las herramientas y a nosotros mismos.

El enojo es muestra de una mirada corta, que no puede ver más allá de ese momento.

Conocer nuestros movimientos internos no significa reprimirlos. La falta de emocionalidad es signo de una patología severa. Las emociones cumplen una función, en este caso nos muestran el deseo y el obstáculo. Una opción es tratar de destruir el bloqueo y otra, buscar el camino para resolver la situación. Todo momento en que una emoción nos invada será un momento de potencial aprendizaje.

PRÁCTICA. Cómo apagar el incendio

Describí por escrito una situación que te haya hecho estallar o la que provoque el desborde con frecuencia.

Ahora, vas a dibujar el recorrido de un tren que en cada estación fue cargando pasajeros. El tren sos vos dirigiéndote hacia la meta. Esa máquina tiene la potencia de la motivación: lo que está en la llegada es un imán poderoso. En cada parada fuiste juntando ilusiones, incentivos, desafíos y todo el agregado de las expectativas. En un momento un obstáculo intercepta el recorrido, el tren queda detenido en las vías y se produce la explosión.

Este es el momento de dar palabras al relato.

Identificá la fuerza del deseo, el porqué de cada agregado y el sentido de esa meta en tu vida. Ese conjunto encierra el nudo de esta cuestión.

De los ingredientes que se fueron sumando, ¿hay alguno que pueda retirarse o disminuir su peso? Probablemente el fuego de este tren esté también atizado por deseos o miradas ajenas, ciertas o supuestas. Te propongo que empieces a tachar lo que no te corresponda porque la embestida será menor.

Analicemos "el imán", ¿tiene realmente el interés suficiente como para justificar el riesgo de la colisión o podría disminuir en algún sentido? Algunas veces, los deseos son viejos, ya no tienen el peso de otro momento, pero siguen grabados con tinta indeleble.

El obstáculo, ¿qué características tiene?, ¿es real o existe la posibilidad de que nosotros le adjudiquemos ese rol?, ¿es heredado de otra situación? ¿Por qué pudo instalarse en ese rol? Analizándolo detalladamente, ¿tiene el poder que le adjudicás? ¿Es inamovible o se podría negociar el desplazamiento?

Ahora con todos estos datos vas a cerrar los ojos e imaginarte que vas hacia la meta con tu carga y por el camino vas desechando el peso inútil. No importa la selección, no hace falta. Cuando enfrentes el obstáculo, vas a quitarle los atributos excesivos y te vas a imaginar pidiéndole gentilmente que se haga a un lado. La meta no tiene importancia o no debiera tenerla.

La idea es darse cuenta de que esa ira es una emoción muy primaria, que avanza con energía ciega, dispuesta a estrellarse sin medir las consecuencias. El aprendizaje es reducir la fuerza propia, la fantasía de un obstáculo inamovible y la posibilidad de desarrollar una actitud conciliadora.

La ansiedad

La ansiedad es una emoción displacentera, que se define como *expectativa catastrófica*. Tuvo un rol fundamental en los albores de la especie, funcionando como un mecanismo de alerta. De hecho, sigue cumpliendo la misma función, solo que en la vida actual fue perdiendo su primer objetivo, para ubicarse más cerca de la patología, por su intensidad y su casi omnipresente presencia.

La ansiedad es un mecanismo adaptativo si aparece en una situación que la justifica, de duración limitada y de intensidad acorde al estímulo. En esta circunstancia, funciona como *un motor para la acción*: estando un organismo en estado de equilibrio, surge un estímulo interno o externo que lo quiebra; la ansiedad irrumpe como una fuerza que impulsa a una acción para restablecer el equilibrio (homeostasis). Esa acción es una de las dos respuestas primitivas posibles: ataque o huida, o su equivalente en la vida moderna.

Pero hay situaciones en que la ansiedad se convierte en disfuncional. Si midiésemos la ansiedad en una tabla del 1 al 10, donde el 10 fuese el máximo, el nivel de ansiedad normal rondaría el nivel 4. Puede ser que en una persona la línea basal esté por encima de 4, que las fluctuaciones sean demasiado amplias, o se mantenga en un nivel alto casi constante.

La ansiedad produce gran cantidad de síntomas físicos y psicológicos, produciendo una baja considerable en la calidad de vida. En una lista corta podemos encontrar las quejas habituales del ciudadano medio: insomnio, taquicardia, cefaleas, trastornos del sueño, de alimentación, contracturas, dolores itinerantes, cansancio, preocupaciones constantes, sensación de agobio, ira, tristeza, impotencia, inestabilidad emocional, etc.

Los trastornos de ansiedad son varios, pero cuando una persona presenta cierto número de estos síntomas y no se resuelven de manera espontánea, hablamos de "trastorno de ansiedad generalizada": diagnóstico generalizado también.

La adrenalina es una de las causantes de este "incendio". En realidad, la descarga hormonal es imprescindible dentro de la dinámica vital para disparar el mecanismo de alarma, solo que, como ya dijimos, cuando circula en exceso, intoxica y deteriora.

Veamos qué pasa a nivel energético. La ansiedad, como mecanismo de alerta, semeja la sirena de los bomberos o un semáforo en amarillo que dice "atención": a aguzar el oído, abrir los ojos, apretar las mandíbulas y esperar la sorpresa al grito de "¡cuidado!".

La ansiedad podría compararse con una gran aspiradora que nos "chupa" del momento presente para llevarnos al futuro en vuelo vertiginoso, para enfrentarnos a un peligro inminente. He aquí la *expectativa catastrófica,* solo que el mecanismo suele dispararse en situaciones cotidianas que no ameritan tanta inversión. En esta movida de tropas de defensa hacia un frente imaginario, perdemos de vista que los pertrechos de este soldado tienen un costo elevadísimo: la propia vida y en múltiples sentidos.

Si nos entrenamos en estar atentos a nuestras emociones, veremos que la ansiedad (salvo en situaciones críticas) empieza a ascender de la mano de pensamientos que avivan el fuego. Todos conocemos la sensación de empezar con cierta inquietud y terminar en un tembladeral sin que el contexto haya cambiado. La ansiedad suele ser un factor a tener en cuenta en el ámbito laboral. Porque más allá del deterioro de la salud personal, esa expectativa catastrófica va a distorsionar la mirada sobre el entorno. ¡Nuestras decisiones son emocionales!

No olvidemos que pensamiento y emoción van de la mano. Pero cuerpo-mente, mente-emoción conforman una única entidad. Ansiedad y relajación son incompatibles; no puede haber una si no está la otra.

Detrás del remolino de la ansiedad hay un lugar para habitar; lo permanente oculto entre la hojarasca de lo impermanente; el silencio detrás de la agitación.

La manera en que la ciencia fue evolucionando (¡maravillosamente para algunas cosas!), separó la biología de ese territorio resbaladizo que son las emociones, la mente, sin saber muy bien dónde poner cada una de esas cosas, y sobre todo, dónde establecer la frontera. Nos gusta decir que la alegría nos desbordó el corazón, o que el enojo nos dinamitó el hígado; pero aunque el romanticismo o las metáforas se despedacen, todo esto es *mente.*

Ciertas prácticas y sus consecuencias, clásicamente territorio de diferentes especialidades, han encontrado la explicación a través de las Neurociencias.

PRÁCTICA. Escaneo corporal y algo más

Si ansiedad y relajación son incompatibles, si se instala un estado de relajación, la ansiedad se irá disolviendo.

El escaneo corporal consiste en respirar profundo para ir volcándote al interior y empezar a recorrer el cuerpo parte por parte, deteniéndote en cada una, dirigiendo hacia allí la atención e invitándolas a la relajación.

El recorrido abarcará miembros inferiores, superiores, tronco, cabeza y cara, todos los rincones, con todo el respeto y bondad que puedas sentir hacia ti mismo. Respirar calma y quedarse conociéndose en ese lugar, da paz.

La experiencia me fue mostrando a través del tiempo que muchas personas reaccionan con tensión a la consigna de relajarse. Hay algo de resistencia a entregarse, como si hubiese algún riesgo en bajar el estado de alerta.

Esta práctica consiste en el recorrido inverso. Habrá que dirigir la atención hacia los pies, respirar profundo, contraerlos hasta el máximo esfuerzo y aflojar mientras se exhala. Repetir el mecanismo con pantorrillas, muslos, glúteos, tronco, manos, antebrazo, brazo, hombros, cuello, cabeza y cara. La dinámica es siempre la misma: dirigir la atención hacia esa zona, respirar profundo y contraerla mientras se retiene el aire. Cuando se llega a la máxima tensión, lentamente relajar esos músculos mientras se suelta el aire acompañando el movimiento.

Al repasar cada parte del cuerpo y sentir que está distendida, iniciar un juego de integración.

Mientras se toma una respiración profunda, contraer pies, pantorrillas, muslos y glúteos, retener el aire y exhalar relajando. Luego, repetir el movimiento comenzando con manos, siguiendo con antebrazos y brazos. Dirigirse después a torso, hombros y cuello, y por último cabeza y cara.

Para finalizar, iniciá un movimiento totalizador, que incluya el cuerpo completo sumando cada parte, regulando la respiración para llegar hasta el final de manera cómoda.

EL TIEMPO

En la vida actual debe haber pocas frases tan repetidas como: "no pude, no tengo tiempo", "no puedo, no tengo tiempo" o "no voy a poder, no tengo tiempo".

Tan abarcativo es el concepto que en algún punto es difícil discernir qué significa "no tengo tiempo"; probablemente sea una pantalla tras la cual se ocultan múltiples y quizá confusos motivos.

Solemos estar de acuerdo en que la vida actual tiene una ambición casi sin límites sobre nosotros mismos. O nosotros sobre la vida. No está claro. Por lo menos es lo que sentimos.

Pero si bien las generalizaciones pueden ser útiles (a veces para consensuar dentro de lo social), difícilmente estas nos sirvan de utilidad a los propios fines. Nuestra vida no es "lo que nos pasa a todos", ni "está todo el mundo igual" o "esto no tiene solución". Nuestra vida es un hecho singular, y aunque hayamos repetido esta frase muchas veces como un latiguillo más, reflexionemos un instante acerca del entrecruzamiento complejo y multidireccional en el cual nuestra vida se desarrolla.

¿Existe la posibilidad de encontrar otro ser humano con una vida *idéntica*? Así tuviésemos un hermano gemelo salido del vientre materno en el mismo instante, ya la vida se hubiera adelantado con pensamientos anticipados acerca de cada uno de ellos. Sobre esto sí que no hay escapatoria: cada vida es única y cada quien tendrá que, creativamente, hacerse cargo.

La realidad no es más que mi mirada; el mundo es un objeto de interpretación.

"Mi vida es mía" puede decirse de manera exultante, desafiante, atribulada, indiferente, y más allá del color que quieras ponerle, hay una verdad: tu vida es tuya.

"El tiempo es tirano". Tan acostumbrados estamos a esta frase que ni siquiera la discutimos, sirve para redondear cualquier frustración; es la expresión de nuestra impotencia. Lástima que la afirmación es falsa. ¿Cómo puede ser tirano el tiempo? ¿Tiene alma? ¿Intención? El tiempo es una medida y no otra cosa.

Una característica humana es buscar al responsable. Alguien tiene que tener la culpa, aunque seamos nosotros mismos el acusador y el sentenciado. Amo y esclavo en una sola persona.

Un importante factor de estrés es la exigencia. Nunca hacemos lo suficiente. Jugamos los dos roles, uno explícito y otro mudo. Atrapados en este tironeo, lo único claro es que la sentencia la cumple el único pecador, nosotros mismos.

Los objetivos, el éxito, la llegada son un espejismo. La meta siempre se va a desplazar hacia adelante, porque el movimiento no es para llegar, es para seguir andando. El proceso está impulsado la autoexigencia. El "pecado original", tan asentado en nuestra cultura, aunque se exprese bajo otras máscaras, alienta de manera inconsciente, hacia un camino hecho para sufrir.

Quizá no nos demos cuenta del sentido de algunas frases fundantes de nuestra cultura y de lo que ellas determinan.

"Ganarás el pan con el sudor de tu frente", el resultado de esta frase es la aceptación del trabajo como sacrificio, en vez de un espacio de realización, de cooperación o de otra frase de signo positivo. Una cosa es el "esfuerzo" y otra, el "sacrificio".

"Y parirás con dolor", esta frase va más allá del momento del parto, va con el maternaje en general de una persona, una idea o un proyecto. El valor va de la pena del penar.

"La tierra es un valle de lágrimas", aceptar esta afirmación es renunciar a cambiar esas lágrimas por sonrisas. Dejemos que el que sufra siga sufriendo, las cosas son así.

Qué bueno sería para nosotros aceptar, sin tratar de torcerle el brazo al destino, que la vida renueva sus ciclos en una inmensidad que nos trasciende, que nos desborda, que nos sumerge en la incertidumbre. Que nada tiene que "ser así".

Un tiempo antojadizo

Consideremos que hay dos dimensiones del tiempo: el tiempo histórico y el tiempo eterno.

El tiempo eterno es la dimensión del Ser; atemporal, a-racional, a-especulativo. A esta dimensión del tiempo se accede por intuición, se percibe en un momento de particular comunión con la Vida con mayúscula, con el Universo, a través de las llamadas "experiencias místicas", sin remitir esta expresión a "religión" en el sentido de creencia en algún dios en general o en particular. Es diferente de la fe, es asomarse a ese lugar donde lo que es, *es*, y el tiempo no es algo que transcurre, sino que está.

El tiempo histórico, en el cual se despliega nuestro nivel de conciencia corriente, es temporal, tiene noción de finitud, un desarrollo lógico en la línea de pasado, presente y futuro, y manipulable subjetivamente. Algunos días "vuelan" y otras horas duran "una eternidad".

Dentro de ese tiempo histórico, hay uno imposible de negar: son las 8 de la mañana y tengo que levantarme para ir a trabajar, el banco cierra a las 3 de la tarde, o el jueves a las 9 tengo clase de pintura. Esto es así. Puedo abrazarlo, aceptarlo de mala gana, confrontar o desobedecer, es decir, hacer un esfuerzo consciente para determinar una actitud a seguir respecto de ese momento. Pero que sea consciente del tiempo no significa que haga elecciones conscientes, claras y lúcidas.

En demasiadas ocasiones nuestras elecciones son impulsadas por cuestiones que no comprendemos del todo, pero que empujan en una dirección determinada. Dijimos en otro capítulo que nuestras decisiones son emocionales. Las emociones tienen una manifestación consciente, pero no siempre interpretamos el significado.

174

PRÁCTICA. Un minuto

La propuesta es observar durante un minuto nuestro reloj y estar atento a las emociones o pensamientos que aparezcan, sin ninguna orientación ni censura. Luego, anotar todo lo que apareció, sin descartar nada por extraño o mínimo que pueda parecer. Hay mucho a descubrir dejando fluir los pensamientos, tal como en los sueños. Todo está allí por una razón.

Ese minuto, es *ese minuto*, el que no vuelve, ese en el que estuve atento, en el que fui consciente de estar viviendo.

> *Para ver el mundo en un grano de arena,*
> *y el Cielo en una flor silvestre:*
> *abarca el infinito en la palma de tu mano*
> *y la Eternidad en una hora.*
> *Augurios de inocencia.* William Blake

El amo y el esclavo

El tiempo no es un hecho parcial, un retazo, un aspecto de la realidad; el tiempo es la única instancia donde nuestra vida se desarrolla.

Imaginemos que nos regalaron un viaje en tren: podemos tener al maquinista, a los pasajeros, el deseo firme de hacer el viaje, pero sin el tren todo lo demás no tiene razón de ser. El tiempo es ese tren, el continente de nuestro devenir.

Muchas veces creemos estar atrapados en el deseo de los otros. Esta sería una cara de la moneda. Si la damos vuelta, hay dos caras más: someternos a ese deseo o no hacerlo. La atención no debería estar puesta en la demanda externa sino en nuestra elección. Es probable que si decidimos ceder, lo adjudiquemos a la presión ejercida sobre nosotros. Pero hay otra posibilidad, que no soportemos desilusionar al otro, que tengamos miedo de que deje de querernos, que sienta que lo traicionamos, y las múltiples excusas con las que adornamos nuestra decisión de constituir en ofrenda nuestro tiempo-vida.

En este caso, seríamos amos y esclavos de esta situación, ocupando los dos lugares; solo que el lugar del amo interno es mudo, se infiere por las consecuencias.

En cualquier situación que veamos a una persona haciendo sacrificios casi inhumanos, sin corresponder a una situación de imperiosa necesidad,

175

de alguna cuestión que realmente lo amerite, seguramente estaremos frente a alguien que tiene internalizada una figura cruel que opera desde las sombras.

Cualquier instancia interna o externa que opere como amo se está llevando nuestro tiempo: nuestra vida. No hay otra cosa que sea nuestra vida que nuestro tiempo.

Quizá la idea de amo y esclavo parezca exagerada, sobre todo porque son imágenes claramente visualizables. Hoy el amo no tiene por qué agitar un látigo, ni el esclavo estar atado con cadenas. ¿Cuántas horas por día navegás por la redes, revisás los mensajes o el correo? Los celulares marcan el tiempo de uso diario. Tal vez el amo de hoy esté detrás de una pantalla.

Hay un punto de decisión en todas nuestras acciones, donde elegimos o somos elegidos. Y el tiempo no queda por fuera.

La idea de esclavitud genera en nuestra cultura rechazo, sabiendo las atrocidades que implica el sometimiento.

Trasladada al entorno en la cual nuestra vida se desarrolla, quizá la comparación pueda parecer, a simple vista, excesiva.

Hay situaciones en las que, por diferentes pretextos, nos sometemos a situaciones injustas, que nos dañan, pero que sin embargo toleramos. Y muchas veces son tan sutiles que solo se perciben por la incomodidad que producen.

La esclavitud es un mecanismo psicológico perverso en la cual el nudo es un juego de poder. El más fuerte somete al más débil. Pero si afinamos un poco la mirada, quizá descubramos que no siempre el más fuerte es quien parece serlo; se puede parecer muy débil y sin embargo dominar la situación. La mente humana puede construir y recorrer laberintos insospechados.

PRÁCTICA

¿Por qué nos sometemos? Por autoexigencia.

Es momento de cerrar los ojos, dejarse hundir en el silencio y dejar que aparezca el amo interior, adornándolo con todos los atributos que creés que le corresponden.

Y ahora, a escribir.

- » ¿Es hombre, mujer o situación?
- » ¿Grita? ¿Qué dice?
- » ¿Amenaza? ¿Con qué cuestiones?
- » ¿En qué radica su poder?
- » ¿Cuál sería el castigo?
- » ¿Se parece a alguien cercano?
- » ¿Con qué argumentos podrías renunciar a esa situación?
- » ¿Quién es tu amo y quién tu esclavo?

LA CULPA, CONTRACARA DE LA EXIGENCIA

Cuando un accionar aparece a primera vista como irrenunciable y la experiencia nos recuerda que hemos pasado muchas veces por situaciones parecidas, tendremos que suponer que algún impulso detrás de la sombras está alentando ese camino. ¿Qué fuerza desconocida podría empujarnos a situaciones escabrosas, esforzadas, poco misericordiosas? *La culpa.*

La culpa está instalada en las bases de nuestra cultura como mecanismo de castigo. Podremos elegir faltar al deber, pero difícilmente podamos escapar del costo.

Pero hay una forma más evolucionada de renunciar a obligaciones cuestionables: las elecciones conscientes. La clave está en poder sopesar deberes, mandatos, jerarquías, costos.

PRÁCTICA

La propuesta consiste en efectuar rápidamente una lista (no importa cuán larga sea) de todas las cosas que hacemos, las que pensamos que tendríamos que hacer aunque no las hagamos y las que nos gustaría hacer pero para las cuales no tenemos tiempo.

Hacer esta lista tal como vayan apareciendo los ítems, sin descartar ninguno aunque parezca descabellado o impracticable.

Luego, habrá que hacer tres listas diferentes: las cosas que hacés, las que tendrías que hacer y las que te gustarían hacer.

Ordenarlas jerárquicamente llevará su tiempo, pero es importante hacer un trabajo a conciencia. Probablemente, encuentres que algunos elementos están en la lista equivocada o que directamente habría que eliminarlas.

Adjudicá un tiempo real posible a cada una de ellas, teniendo en cuenta lo impostergable y lo sistemáticamente postergado.

Hacé la prueba de ordenar las listas en una sola. Se puede modificar cuantas veces lo creas necesario para hacerla posible. Negociá, sé amable, sé considerado con tus deseos.

El trabajo con uno mismo establece un patrón vincular que seguramente se irá extendiendo en el afuera. Tal como son nuestros vínculos intrapsíquicos serán nuestros vínculos interpersonales.

Darle voz e importancia a nuestros aspectos internos es un modelo acertado de comunicación con los otros.

> *Puesto que ignoras*
> *lo que te reserva el destino*
> *procura ser dichoso hoy;*
> *toma un jarro de vino,*
> *busca un claro de la luna*
> *y bebe*
> *porque quizás mañana*
> *la luna te busque en vano.*
> *RUBAYAT.* Omar Kayyan

CAPÍTULO XII

MINDFULNESS Y EL NO SABER

Solo prestando atención al abanico de nuestros pensamientos podremos notar las oxidadas anclas a supuestos conocimientos.

Las cosas más importantes de la vida, las verdaderamente trascendentes están envueltas en la nube del misterio.

Cada vez que decimos "yo creo qué" o "estoy seguro qué" está hablando la voz de nuestra inseguridad. Quizá pensar en el nudo de la cuestión nos angustie tanto que necesitamos construir un entramado de pensamientos que llenen ese agujero. Y si esa construcción es compartida con algún otro o con muchos otros, tanto mejor.

Una idea compartida en una tribu se sustenta por solidaridad. Todos creen en lo mismo. No importa que sea fruto de una mente creativa, el andamiaje social le da valor de verdad.

Ese es el sustento de las religiones: la creencia compartida. Quizá un primer necesitado haya puesto la idea inicial, y sobre ella se fue construyendo el gran complejo de creencias que una religión conlleva. Hay líderes que a través del tiempo fueron erigiéndose en transmisores del mensaje, con escritos que reafirman las palabras.

Quiero dejar claro que este texto está lejos de desvalorizar una religión u ofender a una persona de fe. La descripción es para desarrollar la idea de la potencia de las creencias. La existencia de Dios está fuera de este planteo.

La creencia se constituye en una sólida piedra fundacional de donde emergen los dogmas, que se aceptan sin discutir por ser afirmaciones que sostienen esa corriente de pensamiento. Los dogmas no tienen asidero en la realidad. Su principio rector es la inspiración. Y así hay que tomarlos, reverenciando a quienes han sido bendecidos con esa gracia.

Los que vienen detrás del primer iluminado probablemente no hayan tenido ese soplo milagroso, pero adhieren por representar la voz de su propia necesidad.

La atención plena refiere a estar abierto a la experiencia, que es diferente que estar abierto a la creencia. La creencia refiere al pasado: algo sucedió allá y entonces, en un tiempo fuera del tiempo. Son los relatos que empiezan con "En aquel tiempo, dijo...", "Hubo un tiempo en que...", "En aquel momento, (la divinidad) habló...", etc. Es un tiempo mítico, un tiempo fuera de registro.

La creencia, teniendo como asidero el momento sagrado, se traslada al futuro: la vida eterna, la reencarnación. Adherir a estas creencias lleva una vida de trabajo.

La idea de una entidad todopoderosa como principio rector es difícil de articularla con tanto dolor sembrado por el mundo. Si es la verdad primera y última, estaríamos en presencia de un dios, por lo menos, cuestionable. Acá empiezan a aparecer las grietas dentro de las creencias: o es un dios de amor o es uno que decidió arrojar a muchos seres a una existencia de pena y muerte. Ante esta última opción, que tiene el peso de la evidencia (hay vidas condenadas a un sufrimiento ineludible), aparece una idea todavía más extraña: esos seres ¿tendrán una vida de compensación en el paraíso? La lista de preguntas no tendría fin.

Luego vendría la cuestión de tomar esas leyes y ajustar la vida a su cumplimiento, sin poder conocer quiénes somos en realidad, ya que habrá que aprender los preceptos y cumplirlos a rajatablas. Algunas de estas pautas son principios éticos y funcionan como un regulador de la vida en sociedad. Pero luego están las que ordenan el cumplimiento de ritos particulares para cada línea.

Acatar esas leyes es el punto de partida para aspirar a la vida eterna, cielo o infierno, reencarnación, o resurrección. El castigo por desobedecer puede ser la exclusión de un futuro asegurado. Esta sería la idea de la eternidad como un futuro que no termina nunca.

El miedo a desaparecer está detrás de esta obra conjunta faraónica. Las guerras santas son una manifestación irracional de creencias organizadas y sólidamente constituidas. En el nombre de Dios se han cometido atrocidades que solo se justificaron como hechas en su nombre.

La necesidad de perdurar, el miedo a desaparecer o a lo desconocido sostienen este andamiaje. El miedo a morir es el miedo a perder la conciencia: esa que nos dice nuestro nombre y apellido, que reconoce el mundo a través de nuestra mirada y atesora recuerdos, es decir, nuestra conciencia individual. No alcanza con "la conciencia", estamos aferrados al yo.

Las voces de este pasado son un coro estridente, sobrenatural, que aturde con sus consignas. Nuestra mirada, nuestra percepción de la vida está empañada, a veces de manera impenetrable, con esta coraza de creencias. La angustia por la finitud queda sepultada tras una fe incorruptible.

¿Pero qué pasa cuando la fe flaquea? En esos momentos podremos abrirnos al misterio. El relato anterior no refiere a la existencia de dios o no. Al respecto, cada uno podrá tener su propia conclusión. El sentido de este planteo es mostrar cómo el universo de creencias nos impide asomarnos al misterio tal como es. Quizá deteniéndonos en ese instante, podamos sentir que somos capaces de soportar lo desconocido y tener una experiencia plena de la vida. Y estar abiertos a nuestra propia intuición.

Las creencias escinden nuestra mente. Una parte se aferra a esa verdad construida y heredada, pero hay otra que duda, que cuestiona, que se rebela. El autorreproche por albergar la duda genera angustia, porque ese aspecto que se separó es el que hace tambalear lo que tanto tiempo costó erigir, en lo personal y como acervo cultural.

Una mirada clara y silenciosa al cielo, a la luna o a las estrellas, sin preguntas incontestables ni suposiciones insostenibles, quizá nos haga aceptar que podemos quedarnos allí en silencio, sin esperar, descubriendo la serenidad de no saber.

CAPÍTULO XIII

MINDFULNESS Y SOLIDARIDAD

Muchas líneas de evolución tienen como objeto el sí mismo. El proceso consiste en desarrollarse, crecer en buenos sentimientos, limpiar nuestra alma, por resumirlo en palabras simples. Los otros aparecen para ayudarnos a impulsar sentimientos compasivos en nosotros mismos.

Habiendo tantas personas embarcadas en la idea de amar al prójimo es raro que la solidaridad no aparezca en acciones concretas. El prójimo no es una idea, es una persona que necesita de nosotros ya.

En cualquier gran ciudad encontramos sistemáticamente personas que intentan vender algo. Desde la lógica, tendría que aparecer en nosotros un sentimiento amable: "está tratando de trabajar, le voy a comprar esos pañuelos que vende". Misteriosamente, y en contra de la idea de las personas compasivas que creemos ser, nos fastidian. Lo mismo pasa con las personas que piden, la mayoría de la gente pasa esquivándolos como si fueran un objeto que molesta o un riesgo de ataque inminente.

Nadie quiere ser pobre. El pobre lo es porque no sabe cómo salir de la pobreza. Nadie se ocupó de educarlo, de ayudarlo a hacer camino. Dar unos pesos a quien pide solo sirve para acallar nuestra conciencia; nos sentimos buenos. El yo se hincha y no nos deja ver que utilizamos al necesitado para nuestro beneficio.

Es bastante común ver personas ayudando a estacionar. Y también es frecuente escuchar "¡por qué no van a trabajar!". ¿La respuesta? Porque no saben, porque no tienen dónde. ¿Cuántas personas tomarían a quienes están abandonados en el mundo? ¿Para hacer qué?

La solidaridad es acción o no es nada. La educación es el primer paso para no seguir multiplicando pobreza, gente viviendo en la calle, probables posibles delincuentes.

Quien está en esa situación de abandono no es el culpable, es la consecuencia de sistemas políticos que no invierten en quienes quizá no devuelvan nada. Son personas descartables destinadas al más cruel de los abandonos. Los vemos bajo los puentes, durmiendo en las escaleras de las iglesias, haciendo interminables filas en los hospitales.

Estamos anestesiados, no podemos hablar de amor al prójimo mientras estemos en nuestras confortables casas mirándonos el ombligo.

Atención plena.

ACERCA DEL CONOCIMIENTO

El conocimiento, así objetivado, ha sido la búsqueda del hombre de todos los tiempos. A través de métodos científicos, relígiones, fílosofías, magia u oscurantismo, la necesidad del ser humano de tener sabiduría ha sido un constante motor de búsqueda. Quizá el acento puesto en el afuera solo nos haya alejado cada vez más de la meta. No por nada el conocimiento se ha representado sistemáticamente en objetos escondidos de la mano del hombre.

Tal vez la respuesta haya sido esquiva porque no exista tal objeto, y el único tesoro, el que va desencriptar la verdad oculta, sea nuestra capacidad de conocer. Y a medida que crezca el único tesoro que es la vida, se irá mostrando con mayor claridad. No es que haya permanecido oculta, es que no podemos verla.

Quizá la verdad aparezca cuando renazca en nosotros el asombro, porque tal vez no haya nada que mirar que no sea la vida misma.

ASOMBRO
HASTA QUE LA MUERTE (NO) NOS SEPARE
Un día, peine en mano y al espejo, me vi...
La que me habita me parpadeó,
y fue cuando te vi, y nos vi, y los vi...
El Cielo respiró hondo y se partió en dos;
el reloj clavó al gallo de la hora con sus agujas
y el tiempo empezó a girar en reversa.
En mis ojos, donde ya no creía tener lugar para el asombro,
vi pasar un Universo desquiciado:

Me vi fuego derritiendo los glaciares,
me vi lluvia goteando cielo arriba,
Me vi rubia, blanca, de ojos claros;
me vi negra, me vi judía.
Me vi arrancándole el bastón a un ciego,
me vi santa, me vi Sofía.
Me vi bicho canasto en el zoológico;
me vi ramo de novia con espinas.
Me vi rezando un Gloria en el infierno,
me vi en el Cielo buscando la salida.
Mi vi Saturno huyendo a otra galaxia,
me vi Sol, despreciando al nuevo día.
Me vi anciana planchando mis arrugas
me vi embrión atrincherado en mi guarida.
Me vi agua, metal, tierra y madera;
me vi cangrejo, cactus, niño y niña.
Me vi panza estéril preñada de una estrella,
me vi cosecha y me vi semilla.
Me vi nívea, impoluta, alma sin mancha,
me vi oscura, envidiosa, me vi arpía.
Me vi Bella Durmiente con insomnio,
me vi Lobo y también Caperucita.
Me vi en todo lo que amo y que detesto;
me vi desnuda sin mis fantasías.
Me vi sola sin mis certezas,
me vi más sola con mis viejas mentiras.
Me toqué la cara, bebí de mi sudor,
probé mi sangre ¡me supe viva!
Me vi siendo persona,
me sorprendí, honrando agradecida.
Y en mis ojos, donde ya no creía tener lugar para el asombro,
vi pasar un Universo desquiciado.
El Cielo juntó sus partes rotas;
el reloj, desperezándose, volvió a girar.
Peine en mano, me miré al espejo, y ahí estaba él...
el Asombro.

Resultó que las cosas eran obvias-extrañas,
buenas-malas, tal como parecían.
Me enamoré como uno se enamora,
 una vez en la vida.
Me vi mujer legítima,
me vi fiel a mí misma.
Mi vi casándome,
jurando estar juntos para toda la Vida
 (y quizá más allá... por las dudas,
que el Uno lo decida).

Tina Bouciguez

SOBRE LA AUTORA

Cristina o Tina Bouciguez es psicóloga, artista plástica y comunicadora social, que integra en su labor terapéutica y docente las psicologías de Oriente y Occidente junto con las Neurociencias.

Estudió la Licenciatura en Relaciones Públicas en la UADE. La Licenciatura en Psicología en Universidad Kennedy.

Realizó un posgrado en Trastornos de Ansiedad en la Sociedad Argentina de Trastornos de Ansiedad.

Cursó la especialización en Trastornos de Ansiedad. Fobia Club.

Psicología Transpersonal I y II, en el Centro Transpersonal Buenos Aires. Dirigido por la Lic. Virginia Gawel.

Estudió Eneagrama en el Centro Transpersonal Buenos Aires.

Sueños desde la perspectiva Oriente-Occidente. Centro Transpersonal Buenos Aires. Lic. Virginia Gawel.

Realizó un posgrado en Autoasistencia Psicológica y Psicología Transpersonal. Dr. Norberto Levy.

Violencia familiar y niñez en situación de riesgo. Secretaría de Salud Pública. Municipalidad de Quilmes.

Seminario sobre Adicciones, prevención. HIV SIDA. Asociación Filovitae y CENARESO.

Ciclos de Conferencias de Psicoanálisis.

Mitología en la Asociación Gestáltica San Isidro.

Formación en Meditación en la Comunidad Monástica Contemplativa Ecuménica. Estudios Teológicos.

Estudios bíblicos completos del Instituto Teológico de Madrid.

Medicina taoísta con María Shaw, discípula de Mantak Chia.

Bioenergética en el Instituto Argentino de Biopsicoenérgética.

Yoga devocional. Meditación. Vipassana.

Es exdirectora y fundadora del Centro de Asistencia Psicoterapéutica, institución integrada por profesionales en Psicología, Psiquiatría, Psicopedagogía, Fonoaudiología y Nutrición. Clínica y educación comunitaria.

Exdirectora y fundadora del Fobia Club-Filial Quilmes, institución dedicada a la investigación, docencia y tratamiento de trastornos de ansiedad.

Exdirectora y fundadora del Programa Pilares, Institución dedicada a trastornos de alimentación, integrada por equipo profesional multidisciplinario.

Becaria de la Universidad de Santiago de Compostela, España, tras ganar un concurso latinoamericano con el trabajo "Estrés. El enemigo silencioso. Abordaje teórico práctico. Psiconeuroinmunología" para participar de la cátedra "Técnicas de modificación de la conducta, Área de técnicas terapéuticas del comportamiento", en formación y docencia.

Disertante en el Congreso Argentino de Trastornos de Ansiedad. Año 2000. Tema: "Estrés el enemigo silencioso. Psiconeuroinmunología"

Ejerce práctica clínica privada en su consultorio y docencia en cursos y seminarios de distinta temática y duración, dirigidos a adultos y adolescentes, además de talleres específicos para adolescentes dentro del ámbito escolar.

Columnista, productora y realizadora de programas de TV y radio, con contenido atinente a su especialidad.

Exintegrante del staff de XHoy, Centro de Adicciones.

Integrante del Centro Transpersonal de Buenos Aires desde su fundación hasta la fecha.

BIBLIOGRAFÍA

Bachrach, Estanislao, *Ágil Mente,* Editorial De Bolsillo, 2016.

—*En Cambio,* Editorial De Bolsillo, 2017.

Capra, Fritchot, *El tao de la física,* Editorial Sirio Argentina, 2006.

—*Pertenecer al universo,* Editorial Planeta, 1992.

Geshe Kelasang Gyatso, *Compasión universal,* Editorial Ibis, 1991.

Goleman, Daniel, *La inteligencia emocional,* Editorial Zeta, 2000.

Huxley, Aldous; Watts, Alan; Maslow, Abraham, y otros, *La experiencia mística,* Editorial Troquel, 1990.

Kabat-Zinn, Jon, *La práctica de la atención plena,* Ed. Kairós, 2007.

Krishnamurti, Jiddu, *La revolución interior,* Editorial Kairós, 2008.

—*El conocimiento de uno mismo,* Kairós, 2008.

—*El vuelo del águila no deja rastro,* Ediciones Obelisco, 2020.

Manes, Facundo, *Usar el cerebro,* Editorial Planeta, 2014.

Naranjo, Claudio, *Psicología de la meditación,* Editorial Troquel, 1992.

Pema Chödrön. *Vivir bellamente; en la incertidumbre y en el cambio. Cuando todo se derrumba,* Editorial Gaia, 2014.

TichNach Han, *Sintiendo la paz,* Ediciones Oniro, 1992

Wilber, Ken, *La conciencia sin fronteras,* Editorial Kairós, 1990.

Impreso en Docuprint Argentina
Heandel L3, Garin - Buenos Aires
Septiembre de 2021